U0056107

相對不相對

一本貫通科學‧哲學‧生命‧人間的現代相對論

經典

絕對無言 相對有言

　　二〇〇九年，筆者出版了人生首部的非醫學專業
著作《一生無量》，深覺一定會如時下許多「一輯歌
星」或「一片影星」一樣，曇花一現，必將成為「一
本作者」，當時心中祈願只要「一本萬利」就好。因
為版權全捐，這個「利」當然不是自己的利益，而
是希望書的內容稍有「利」於讀者的視界寬廣及生命
提升。因為寫書的動機與宗旨是在參與慈濟音樂手語
劇《清淨‧大愛‧無量義》的演繹深為感動之後，
期許在世局動亂頻仍，地球毀傷嚴重，人類面臨「末
法」、「壞劫」的時期，以現代的科學與語言來詮釋
《無量義經》的奧義法髓，讓更多人能理解，並有志

一同的為人類的文明與地球的未來盡一分心力。也許是有願就有力，這麼一本結合佛學、科學、醫學與社會學，不是那麼容易閱讀及理解的析論，很感恩大家的愛護，竟然也銷售了上萬本，至少達到了「自以為是」的「一本萬利」。

最近從精舍德曼師父轉寄來香港中文大學副校長霍泰輝教授在香港《明報》發表《一生無量》的書介，甚為訝異，也深受鼓舞。霍教授介紹《一生無量》是一本把佛學、科學、醫學和社會學等其他學科貫通的一本奇書。認為此書雖有佛法元素，但更多的篇幅是向讀者介紹宇宙學、天文學、醫學、社會學、教育學等不同學科，但因為加進了佛法之闡述，使原本乾澀枯燥的科學資訊頓時變得生動活潑，更因閱讀時需要運用橫向思維，能幫助讀者思考層面更加的寬闊，是上佳的通識材料。

雖然有許多人的催促和鼓勵，但寫書畢竟是一個耗時、出力又未必討好的行當，要動心起念需要一點傻氣，一些勇氣及一鼓作氣。近年來，無論在國際、在台灣都發生層出不窮的政治、經濟、社會、司法、族群、環境的爭議、對立、衝突、暴動事件。雖然表面的起因可能很簡單，但背後的成因常常極其複雜，包括意識形態的對立，現實利益的衝突，價值見解的歧異，角色立場的不同，歷史宗教的仇恨。更何況很多爭議是屬於「二律背反」（antinomy），指的是相反的兩種事態皆可合理的被解讀，被認同。譬如從宏觀的角度觀察到的「現象」及從微觀的角度認知到的「本質」；重視過程的「程序正義」及重視結果的「效益主義」，皆是一體的兩面，沒有對錯的問題，只有選擇的問題。

　　在解決問題的方法論上，西方常採取負負得正

的「辯證法」(dialectics)，針對面對的議題(正題，thesis)，綜合考量檢視其中的問題點及矛盾點(反題，antithesis)，加以克服並創造出更完善的解決方法(合題，synthesis)。東方較採取允執厥中的「中庸之道」(mesotes)，將兩個極端的見解折衷妥協為中道，譬如熱情與冷漠間之中道為友善，麻木與放縱間之中道為節制。人類大腦傾向於將複雜的因果關係化約為二元條件形式，再加上自己的主觀意識形態，很容易趨向於某一個極端，採取中庸之道便能「兩頭俱截斷，一劍倚天寒」。凡事有利有弊，有得有失，但遇到「永不妥協的基本教義派」或「死不悔改的走資派」，任何方法也都將「無解」，對立與僵局將永無休止的持續下去。

　　每個人都有其「道理」，但相差何止「道里」計。「道」是絕對，太初有道，絕對無言；「理」是

相對，言之成理，相對有言。在相對的世界裏總是公說公有理，婆說婆有理，剪不斷，「理」還亂，是「理」愁。本書是從二〇一三年七月開寫，十月完稿，共包含二十六個貫通科學、哲學、生命與人間的相對(versus)命題；由於難以完全分家，所以大略將科學與哲學，生命與人間各整合為一輯。有的議題是《一生無量》的延伸，只是以「相對論」的方式重新詮譯，但更多的章節是攸關最近國際與台灣發生價值混亂，是非難斷的爭議事件，如核能、環保、教育、醫療、司法、信仰、男女、夫妻、食品安全、生活態度、生命價值、公民運動及政府效能等，廣泛而多元。相對有言，但凡有所相皆是虛妄，凡有言說即非究竟，本書的內容多的是筆者的淺見與推論，希望能有助於讀者釐清一些相對的觀念，謹提供參考，還望各方賢達不吝賜教。

最後要感恩證嚴上人與全球慈濟人對慈濟大學的指導與護持，也感恩我的家人對長年在外的我的體諒與支持。

目次 ————————————————————————

第一輯

科學・哲學 相對論

01 絕對 × 相對

　　某年某月的某一天，聽到兩位同學面紅耳赤地在爭論。一位疾言厲色地說：「這件事絕對是對的」，另一位不假辭色地反嗆：「只有一件事絕對是對的，那就是天下沒有絕對的事」。這種「絕對的相對」的論調頓時讓空氣凝結。我輕輕地拍拍他們的肩膀，並沒有對他們爭論的事情進行仲裁或評論，只淡淡的告訴他們八個字：「絕對無言，相對有言」。

　　關於相對，大家腦中馬上會浮起愛因斯坦 (Einstein)於一九○五年發表的「相對論」。「相對論」拆解了牛頓(Newton)認為「時間」與「空間」是宇宙永恆兩把量尺的「絕對」觀念。然而愛因斯坦的

時空相對觀是建立在一個「絕對」的前提上，那就是光速不變，而且是宇宙的極速。而「牛頓力學」發現在無重力的狀態下，任何物質的重量「絕對」是零。而重量會因場所的不同變得「相對」。在地球六十公斤重的人，在無重力狀態下重量是零，但在月球上是十公斤。科學愈昌明，無論是宇宙學、天文學、物理學、化學、生物學所發現「放之宇宙而皆準，歷經萬代而不變」的自然定律愈來愈多。這些定律不但都能融會貫通，互補有無，更不因時空而異，從現在反推至宇宙誕生之際，皆能一體適用，而且具有預測的力量。從科學的觀點，宇宙是從渾然天成自然定律的「絕對」，推展出時間與空間，形成物質與生命的種種「相對」。

愛因斯坦的科學相對論，很快的被無限延伸至政治、道德、社會的所有領域，被人用來反對批判各種

主張。而中國最古典的「相對論大師」非老子莫屬。老莊哲學主張禍福相倚，有無相生，難易相成，長短相較，高下相傾，前後相隨的生剋相對論。矛盾相互對立，但心念一變也可以轉化，哲理總是在正反合之間擺盪拉鋸。在這個世界上，僅就邏輯結構而言，很多現象都是成雙成對的，成對誕生(pair creation)，也成對湮滅(pair annihilation)，就如同生與死，善與惡，真與假，有與無，取與捨，得與失，對與錯，好與壞，成與敗，分與合，沉與浮，愛與恨，喜與悲，貴與賤，貧與富，榮與辱，因與果，正與負，虛與實，陰與陽，美與醜，冷與暖，快與慢，大與小，輕與重，高與矮，上與下，左與右，當你取消其中一樣，另一樣也就消失了。

傳統上，我們總認為「生者未死，死者已矣」，生死乎是涇渭分明，界線清楚，但這樣的「相對」是

建立在生者必滅，宇宙中沒有不死之生的「絕對」上。道家採陰陽理論的「太極生兩儀」，認為太極是絕對的道，是在天地萬物形成之前就存在的混沌狀態，是萬物的源頭，不生不滅且無所不在。而其中並沒有二元對立，是一個「一」的境界。《道德經》開宗明義說：「道可道，非常道；名可名，非常名。」「絕對」既不可言說，也無法名狀。

佛家的「二諦論」亦是異曲同工。「諦」是義理、真理。「俗諦」又稱「世諦」，是人類從世俗經驗上形成具有時間性、相對性、存有性的觀察事物的原理。凡是一切有形的言說、偶像、儀式、救度、神通皆屬於「俗諦」。佛陀說：「一切世界始終、生滅、前後、有無、聚散、起止、念念相續，循環往復，種種取捨，皆為輪迴。」可見輪迴也是屬於俗諦，也即是世間的有為法。「真諦」又稱「勝義

諦」，「第一勝諦」是由究竟，終極體驗而成，具有超時間性、絕對性的觀察事物原理，亦即是無為法。「言語道斷，心行處滅；境智雙泯，法我皆空」，真諦蘊含於俗諦之中，是不可言說的。俗諦是實踐的過程，真諦才是修行的目的。日本東京淺草觀音寺的「觀音堂」有幅江戶時代書法名家野口雪江親題的對聯。上聯是「佛身圓滿無背相」，下聯是「十方來人皆對面」，傳神的闡明「真諦」與「俗諦」的奧義。

從基督教的觀點，人類的智慧只是相對的小智，上帝的思考才是絕對的全智。宗教不能承諾的是「現世」的報應。據說基督教在西元四世紀之前亦有輪迴之說，但後來被君士坦丁君王明令禁止，才從《聖經》中被刪除。雖說「善有善報，惡有惡報，不是不報，時候未到」，但不一定會有「現世報」。基督宗教認為不能用小恩小惡來探討天主的旨意，也不能用

點滴的善行來試探上帝的恩典。《聖經》說：「太初有道，道與上帝同在」，上帝的心思，人猜不透。

　　人類的大腦傾向將複雜的因果關係化約為二元條件形式，以便更有效率的處理真實世界的訊息，很容易產生比較及「相對」的觀念。而我們對自我認同的種種相對概念產生的有意識及無意識的執著，會深深阻礙靈性的進化與提升。佛陀在菩提樹下入定四十九天，見明星而大悟：「奇哉，奇哉，一切眾生皆具如來智慧德相，唯以妄想執著，不能證得。」而各種宗教的禪定、靜慮、冥想、靈修都是希望超越「相對的自我」，而開悟「絕對的本我」（self-absolute）。

　　凡有所相，皆是虛妄，一落言詮，便起「相對」。絕對與相對亦是一種「相對」的觀念，相依相存，相生相滅。「相對」始終來自「絕對」，而最後會回歸終極的「絕對」。

02 真空 × 妙有

　　在《般若心經》短短二百六十四個字中，竟然出現二十個「無」，七個「空」，合計超過全文的十分之一。老子的《太上清淨經》亦云：「觀空亦空，空無所空，所空既無，無無亦無」。在日本京都「哲學之道」旁的法然院，大文豪谷崎潤一郎夫婦的墓碑上只刻了兩個字，「空」與「寂」。宗教的「空」、「無」很哲學，科學的「空」、「無」又呈現什麼相貌呢？

　　第一個面相是初萌宇宙的無中生有。從現代天文學與物理學對於宇宙微波背景輻射(cosmic microwave background radiation)的研究，推論出宇宙是約在

一百三十七億年前的零時間與零空間為原點，隨著創造的時空同時開展，而形成物質的生成與生命的演化，不斷擴張成為無垠的宇宙。在宇宙萌生時10^{-43}秒的剎那間，遠比基本粒子還小的微觀宇宙，約10^{-35}公尺 ，凝聚了巨大能量的真空潛能(potential energy)，急遽暴漲成10^{43}倍，在宇宙誕生後的10^{-34}秒，當引發爆漲的真空潛能趨近於「零」時，以消失潛能的同等能量轉變熱能，並同時引起大爆炸(大霹靂，big bang)。現在宇宙的所有物質皆由超高溫、超高密度的灼熱火球爆炸孕育而成的。

第二個面相是擴張宇宙的暗藏玄機。美國天文學家哈伯(Hubble)根據天文望遠鏡觀測的結果，發現宇宙的空間正加速膨脹。現代科學家更推算出宇宙所有的光體，包括恆星、星雲、星塵雲的普通物質只佔宇宙總質能的4%；宛如籠罩星系般分布的暗物質(dark matter)約佔23%；其餘的73%皆為暗能量(dark energy)。而這樣身分不明的暗能量並不會隨著宇宙膨脹而被稀釋。宇宙愈膨脹，暗能量亦相對增加，使宇宙不致因重力的吸引力而崩塌逆反，反而會沒完沒了，加快速度地擴張下去。

第三個面相是微觀宇宙的無無亦無。傳統的物理學將尺寸極端微小約10^{-18}公尺的基本粒子，如電子、夸克當作「零」的點來處理。遑論有可能成為「萬有理論」的「超弦理論」更向下栽進10^{-35}公尺的弦，比起10^{-18}公尺的基本粒子，猶如老鼠在太陽系中幾乎不存在的渺小。

從以上三個面相，我們可以了解什麼都沒有「絕對」的「無」，並不存在於物理世界。現代的科學已證明真空也有產生物質的能力。真空是物質不存在的虛無狀態，但一旦獲得能量，就可以轉變為物質。霍

金(Hawking)認為宇宙是從變動的「無」，經過「穿隧效應」(tunneling effect)，穿越能量的障蔽而形成。《楞嚴經》有云：「如來藏中，性色真空，性空真色。」「空生大覺中，如海一漚發，有漏微塵國，皆依空所生。」皆闡明佛學的「性空」與科學的「真空」異曲同工，並非斷空，也非頑空，而是代表無限的潛能，無限的變動，無限的因緣流轉；也證明超然的科學是宗教的形成，超然的宗教也是科學的形式。

佛法的「性空」並非「空無」、「虛無」，而是對宇宙物質與生命客觀、智慧的認知，是建立在「緣起」的空有不二，所謂現象，無非是「空」及「有」的隨緣運化。「以有空義故，一切法得成」，一切宇宙生命萬物之體現，正由於「性空緣起」，物質生命表面上有生有滅，有來有去，但從宇宙生化本源之空性，卻是不生不滅，不來不去。而所謂「自性空」之

「自性」含攝宇宙萬有之一切，並不侷限於「人我」而已。《般若心經》有說：「舍利子，色不異空，空不異色，色即是空，空即是色。」「舍利子，是諸法空相，不生不滅，不垢不淨，不增不減，是故空中無色，無受想行識。」《金剛經》有云：「一切有為法，如夢幻泡影，如露亦如電，應作如是觀。」我們常慨嘆「人生如夢」，既不真實，又很無常。生命中的喜怒哀樂，生離死別，是非成敗，愛恨情仇都不過是自我意識的幻影，夢醒時分，空空如也。只有能領悟「真空妙有」，「空有不二」的「畢竟空」，才能透徹宇宙生命的本質。「菩薩清涼月，常遊畢竟空，眾生心垢淨，菩提影現中。」

　　證嚴上人亦曾開示：「世間的一花、一草、一木皆不斷進行新陳代謝，萬物本空，但是真空妙有，是因緣會聚而生。萬物因緣而生，相生相剋，也不斷

進行成住壞空之自然循環；人心雜沓亦在分秒間生、住、異、滅而不自知；人生無常，再如何福德俱全，亦不脫離生、老、病、死之自然法則。」精闢地詮釋了「性空緣起，緣起性空」，物質有成住壞空，意識有生住異滅，生命有生老病死的宇宙實相與自然法則。真空即是潛能，既不執「空」也不執「有」，人生才能達觀圓融，積極進取。猶記得我曾請教印順導師：「八識中的阿賴耶識又稱種子識，種子生現行，現行熏種子，請問導師對種子的看法？」導師不假思索地說：「種子就是潛能」，人、事、物、理無一不是因緣流轉，「生佛不二，只緣迷悟」，無論是「唯心所造」，「唯識所變」皆不能離脫「緣起性空」的法則。

03 實相 × 非相

　　根據「大霹靂」理論，宇宙創生之時猶如是基
本粒子燃燒煮沸的「太初渾湯」。這些基本粒子是從
「無」的空間產生出來，並處不斷生成與湮滅的狀
態。在宇宙誕生的十萬分之一秒後，隨著溫度下降，
單獨四處奔竄的基本粒子夸克，由於強核力的作用，
三個結合在一起，成為質子與中子等強子(hydron)。
宇宙誕生三分鐘後，溫度再降，質子與中子結合成原
子核。直至宇宙誕生三十八萬年後，由於溫度又降，
電子得以向原子核靠攏，並在四周高速繞行，原子於
焉誕生。而此時不再受電子散射影響的光，終能堂而
皇之的以直線進行，穿透宇宙，結束混沌狀態，稱為

「宇宙的放晴」。也由於吸收輻射形成的障礙消除，物質可藉由重力集結成塊。

在宇宙誕生五十萬年後，星系開始形成。宇宙大部份的物質集結於星系之中。而眾多星系又集結成星系群，星系團及更大群組的超星系團。估計可能有三千億兆至五千億兆的恆星，我們賴以生存的太陽也只是其中之一個恆星而已，就像恆河一沙，滄海一粟般的微不足道。

宇宙創生，也就是時間與空間同時誕生之際，此時巨大的真空能量大部分變成光，卻有一部分物質與反物質的形成。推測物質與反物質之間應存在非常細微的非對稱性，才能形成今日宇宙的物質世界。物質與反物質一旦遭遇會導致「成對湮滅」，而回歸能量狀態。即使是現在，宇宙還是往虛空輸送大量的電磁能。英國物理學家馬克斯威爾(Maxwell)成功地以數學

方程式整合電場和磁場，合一為電磁場(electromagnetic field)，並證明肉眼所見的光，無非是電磁波的一種罷了。電磁波依據波長的長短，可分為X射線、紫外線、可見光、紅外線、微波及無線電波。二十世紀初的量子力學(Quantum mechanics)應用於電磁場，發現原本具有波性質的光(電磁波)可以導出粒子狀態的光(光子)，成功連結「波」與「粒子」雙方的性質。電子和光在未被觀測時，會以「波」的形式，擴散於空間中；但當我們進行觀測時，它們會收縮集中一點，呈現「粒子」的形態。這種「波粒二重性」(wave-particle duality)不僅是光，其他基本粒子也具有這樣「雙面嬌娃」的性格。

人以本身身體小宇宙的感覺接受器攝受的訊息，只能形成人類「自以為是」的宇宙，絕非幻化無常的「宇宙實相」。譬如人類視網膜的桿狀細胞與錐狀

細胞是光的直接接受器，其能感知的只是波長400至720mm的可見光，而對於不在此波長範圍的電磁波則視而不見，不如有些昆蟲具有看到紫外線的能力。而人類聽覺的可聞頻率(audible frequencies)介於20至2萬Hz範圍的程度，非在此範圍則聽而不聞，海豚與蝙蝠可聽到15萬Hz的程度，牠們聽覺所能接受的宇宙訊息遠非我們所能想像，所感知的宇宙也必然與我們不同。所以佛陀說：「若以色見我，以音聲求我，是人行邪道，不能見如來。」

「量子物理之父」普朗克(Planck)從量子層次的實驗，顯示物質是以可能性(probabilities)和傾向(tendencies)的方式存在，而非「絕對」物質，所謂「真實狀態」既非絕對，也非固定不易的。同樣的，海森堡(Heisenberg)的「測不準原理」也認為無法同時正確測定像電子等一般基本粒子的位置和運動量。

「量子力學」建立在粒子層次的不確定性，從其觀點，物理「實相」不能說是確實存在。

西元前四世紀，古希臘哲人德謨克利圖斯(Democritus)提出了所有物質皆由「原子」組成的先知理論。無獨有偶，佛教的「部派佛教」時期也提出與「原子論」相似的「極微」理論。《金剛經》說：「三千大千世界，碎為微塵。」《法華經》也提到：「三千大千世界微塵數。」皆認為宇宙是「微塵」的聚合離散。《楞嚴經》更進一步闡明：「汝觀地性，粗為大地，細為微塵，至鄰虛塵。」「更析臨虛，即實空性，若此鄰虛，析成虛空，當知虛空，出生色相。」佛學從虛空至鄰虛塵，再至微塵，乃至三千大千世界，與現代科學由真空生出基本粒子，再合成為原子，最後形成宇宙中森羅萬象的物質與生命不謀而合。實相非相，但實相無相亦無不相，是宇宙萬有之

本體，代表著變動不居的狀態。《金剛經》云：「凡有所相，皆是虛妄，若見諸相非相，即見如來。」

　　《華嚴經》中有一首＜覺林菩薩偈＞：「譬如工畫師，分布諸彩色，虛妄取異相，大種無差別；大種中無色，色中無大種，亦不離大種，而有色可得。」大種是「真空」，顏色是「妙有」。老和尚初看山是山是認知「緣起」的「色相」，亦即「虛妄唯識」；看山不是山是體悟「性空」的「空相」亦即「性空唯名」；看山又是山是透徹了「性空緣起」的「實相」，也就是「真常唯心」，亦即是「圓成實性」的境界。

04 質量 × 能量

　　質量是物體與生俱來存在的一種性質，但真正要
定義質量卻很困難。目前最適用的定義，質量是「物
體不易移動的程度，也就是不易加速的程度」。雖然
在接近地球表面的地方，重量和質量的數值相當。但
重量會因作用在物體上的重力大小而異，在地球六公
斤的東西，在月球卻只有一公斤，在無重力之狀態其
重量就「歸零」。但質量不管在任何地方皆不改變，
即使在無重力的情況，質量較大者更難移動。質量是
在任何時空中都能被認同的一種量。而能量的定義是
「可產生力，而引發運動的潛在能力」，「可以作功
的能力」。能量有很多形式，包含熱能、光能、聲

能、電能、動能、位能、核能、化學能，不一而足。能量可以互相轉換，譬如水力發電是將水的位能，轉換為葉輪(turbine)的動能，再轉換為電能。

以往深植人心的「質量守恆定律」，認為即使發生化學反應，物質的總質量也不會改變。而「能量守恆定律」，認為即使能量轉換成不同的形式，其總量還是不會改變。但這二個根深蒂固的「定律」，卻被愛因斯坦的「相對論」一舉擊破。$E=mc^2$是一個無比簡潔卻無比有力的方程式。方程式是一種表達事物之間關係的捷徑。就$E=mc^2$而言，所涉及的事物是能量(E)，質量(m)以及光速(c)，證明了能量與質量可以互換，c^2是轉換之常數。根據這個方程式，一公斤的質量可以轉換成9×10^{16}焦耳的能量，一公斤的水可以轉換成二萬兆卡路里的能量。從愛因斯坦的眼光，不但時間與空間是一體的兩面，質量與能量也可以是

相同的東西。二十七年後，英國的物理學家科克勞夫（Cockcraft）與沃頓（Walton）以加速的氫原子核撞擊鋰原子核，產生二個氦原子核。碰撞後大約減少0.2%的質量，得到了2.78×10^{12}焦耳的能量，證實了$E=mc^2$的正確性。

　　一百三十七億年前，宇宙藉由暴漲引起的大霹靂就已經揭開了「能量物質化」的序幕。宇宙伊始只是充滿不明身分的真空潛能，此能量讓宇宙以急速的速度暴漲。但暴漲突然剎車，而在此之前讓宇宙急速暴漲之能量，因$E=mc^2$轉換為質量的形態，而慢慢建構了萬象森羅的宇宙舞台。所有的物質與生命皆由原子所構成，原子包含原子核及電子。原子的質量幾乎就是由質子和中子所構成原子核的質量。質子和中子皆由三個夸克（quark）的基本粒子所組成。夸克穿梭來去，以光速飛行，碰撞反彈。夸克彼此有相互的力在

作用，而被封閉於表面似乎靜止的質子和中子內部之中；質量幾乎等同於夸克之動能。光子因為沒有靜質量(rest mass)，所以能以極速進行。但由於光子具有能量，所以根據質能關係方程式可知它也具有質量，重力會造成光線彎曲，即與此質量有關。一九三三年，居禮夫人的女兒與女婿以純屬能量的光，轉換為具有質量的物質，包括電子和正電子，從實驗室證實了能量確實可以轉變為質量。

一九三八年，德國物理學家貝特(Bethe)證實氫的「核融合」可以說明太陽的光與熱。在超高溫及超高壓的太陽中心部份，四個氫原子核能融合成一個氦原子核而散失0.7%的質量。就如同「核分裂」一樣，「核融合」也會散失少量之質量，而轉換為巨大的能量。太陽每秒消耗四十二億公斤的質量，所產生源源不絕的能量，恩澤了地球所有的生物。「太陽光大，

父母恩大」，就如父母是我們生命的源頭，太陽也是地球生命的源頭，地球上使用的所有能量的形式，都是太陽能轉換的結果。而光合作用(photosynthesis)是地球所有生命形式的關鍵程序。在地球生命的發展初期，綠色植物便演化出一種吸收碳的能力，利用陽光提供的能量，將大氣中的二氧化碳轉化為有機碳，成為自己身體的一部份。在這個程序中，植物細胞葉綠體(chloroplast)含有之許多葉綠素(chlorophyll)，在陽光的作用下，把經由氣孔吸入葉子內部的二氧化碳和由根部吸收的水，轉變為葡萄糖，同時釋放氧氣，開啟了「生命之窗」。植物有了成長的條件，便演化出以植物為食物的動物和以動物為食物的動物，搭配上分解者，將死亡之動植物分解，讓碳重回自然界與大氣中，構成了完整的生態系統。

以能量的觀點，綠色植物透過光合作用，將太

陽能轉化為植物體內的化學能，並在後續的食物鏈中，再度轉化為動物體內的化學能。人類的生命在呼吸之間，利用氧氣從各種營養成分中有效獲得能量的機制，稱為「呼吸代謝」。「外呼吸」是生物體與外界的氣體交換，透過呼吸從大氣中獲得氧氣。而「內呼吸」是在細胞內從碳水化合物、脂肪、蛋白質等營養物質，經過數十種化學反應，最後被分解為二氧化碳與水，製造出利用於生命活動的ATP(adenosine triphosphate，三磷酸腺苷)。當生物體需要供給能量時，會以ATP分子做為供給能量的「貨幣」。無論是肌肉收縮的機械性工作，小分子合成為大分子的合成代謝，以及細胞膜的主動運輸都需要ATP。細胞質內的粒腺體(mitochondria)是我們身體產生能量ATP的地方，可以說是細胞的發電廠。

在生命發生後，由於地球上的有機體皆以碳為基

礎，大量的二氧化碳也被生命系統收納於體內。當生命消逝後，動植物的生命體埋藏於地層深處幾億年，轉換為石油和煤礦，其中自然含有大量的碳元素。本來已「入土為安」的「遺骸」，又因工業革命後大量的能源需求，被挖掘出來，成為今日的化石燃料，而燃燒後，無可避免產生大量的二氧化碳，使本來已深埋於地下的碳又得以「重見天日」，成為溫室氣體，也是「全球暖化」的元凶。整體而言，工業化、全球化的世界經濟體就是一個依賴廉價的化石燃料的經濟體，我們使用的傳統能源多半是非再生能源，包括媒、石油、天然氣與核燃料，約占全球總能源的82%；而再生能源包括了水力、太陽能、風力、地熱與生質燃料，約只佔18%。而在台灣，99%以上的能源皆仰賴進口，而化石燃料更高占所有能源供給量的91.3%，非再生能源占了99.6%，再生能源只占0.4%，

遠低於世界平均值。人口增加，高度消費，高度仰賴化石燃料，並且持續擴建水泥叢林，這樣的生活型態若沒有革命性的改變，大氣中的二氧化碳濃度將持續上升，全球暖化也將加速進行。

　　人類以現科技操控「質能轉換」並不止燃料的開採與使用。一九四五年八月，兩顆原子彈投到廣島與長崎，瞬間造成數十萬人死亡，並決定了戰爭的勝負，也讓世人見識到核子武器的驚人殺傷力。一九五三年，美國首倡「核能的和平用途」（Atoms of Peace），把核能從核武轉向核電，人類正式踏入核能發電的時代。曾經被寄望為「乾淨能源」、「安全能源」、「永續能源」的核電，六十年來，大大小小的核災卻層出不窮。一九七九年，美國賓州三哩島核電事件震驚世界，並掀起全球的反核風潮。一九八六年，蘇聯車諾比核電事故肇因於一個實驗操作不當，

五年內造成超過二十萬人死亡，特別是癌症，白血病的激增。二〇一一年，日本東北外海大地震引起的福島核災更是殷鑑不遠；學者估計輻射的外洩可能將造成一千三百個人死亡，更導致電場半徑二十公里劃為禁制區，七萬人淪為核災難民。從「廣島之火」到「福島之火」，引起了日本各界「廢核」聲浪，積極邁向「無核」國家。

《華爾街日報》指出台灣與日本皆四面環海，位於太平洋火環帶地震與颱風最密集的地區，加上地狹人稠，並列為世界核災最高風險的國家。台灣已有六個核電機組，加上正在興建中的兩個，都建造在主要的地震斷層帶附近，「天龍八部」的使台灣猶如置身在二十三萬個核彈的威脅下。雖然政府高層說「發生核災就像中樂透一樣」的比喻，但還是有人會中樂透，就如同莫非(Murphy)定律：「凡是有可能會發生

的事，就一定會發生」。台灣一旦發生核災，「一刀斃命」的後果將比起暖化造成複合式災難的「凌遲至死」更為慘烈。全民對核電的「不安全、不經濟、不透明、不永續及核廢料沒有去處」的「四不一沒有」強烈質疑，並引發二〇一三年三月九日二十萬人的反核大遊行。而生質燃料產生氧化亞氮(N_2O)會造成更嚴重的溫室效應，更會導致糧荒及水資源短缺，而人工水庫會造成淤泥累積及蓄水量不足。

「永續發展」強調環境、經濟、社會三條基線(triple bottom line)的兼顧。追求電力及耗能的零成長甚而負成長，是政府、產業及每一個公民的共同責任。產業結構的改變，能源效率的提升，再生能源科技的發展都是努力的方向。而「心寬念純，少欲知足」的「簡樸生活」更是貫穿一切減碳行動及防災措施的核心概念。每一個人都想改變世界，但沒有一個人願意

改變自己是「節能減碳」最大的罩門。「悟心容易息心難，息得心源到處閑；斗轉星移天欲曉，白雲依舊覆青山。」為了避災遠禍，為了長養我們的山河大地，為了子孫的永續發展，每一個人都有責任對「節能減碳」的重要性確實理解、身體力行。

05　時間 × 空間

　　從「無」開始的宇宙，同時創造了時間與空間，至今已一百三十七億年，而且還不停的在膨脹中，提供了物質創造及生命演化的舞台。在科學尚未啟蒙的時代，很令人驚訝的是當時的宇宙觀，已涵融了時間和空間二元概念。西漢《淮南子》之＜齊俗訓篇＞對宇宙的定義：「往古來今謂之宙，四方上下謂之宇。」而佛經通稱宇宙為「三千大千世界」，《楞嚴經》對世界定義：「世為遷流，界為方位。」皆定位時空一體，來證明人的存在與價值。

　　然而到了現代，牛頓將時間和空間視為各自獨立且永恆不滅的絕對存在，以此作為探討物體運動的基

準。愛因斯坦的「廣義相對論」在究明時空和重力的關係，推翻了牛頓絕對時間和絕對空間的觀念。物體的質量與密度愈大，距離愈近，它周圍時空彎曲的程度愈大，時間流會變慢，空間也會縮短。時間與空間已無法分別思考，必須視為一體，我們居住在時空的四維向度之中。

空間是客觀的存在，還是因個人知覺經驗主觀的投射，仍眾說紛紜。而時間流過歷史，流向未來，絕不會駐足現在，但我們仍能確實感知其存在。無論從歷史的洪流，四季的運行，日夜的交替，思緒的變化，記憶的順序，我們都能清晰感受時間的流逝，察覺時間存在。歲月的痕跡會刻劃在我們的記憶，同時也會造成事物、空間、身體及人情的變化，形成時空因緣的互動。空間可視之為靜態的時間，時間也可視之為動態的空間，相依相存，相生相滅。

時間和空間同為各種事情發生及進行的舞台，但並非一成不變，而是根據舞台的物質和能量的狀況，發生變化。在二十世紀，相對論已預言理論上宇宙應該存在很多黑洞(black hole)。而後來也藉由「X射線天文學」證實黑洞實際存在。當大質量的恆星發生超新星爆炸時，恆星核心部分物質會往內側推擠，就會形成黑洞。這種現象持續不斷進行，直至達到大小幾乎為零，密度無限大，連光線也無法脫出的奇異點(singularity)為止。奇異點可以說是黑洞本體，也是時空的終點站。

　　宇宙的終極未來有種種不同的推測。但現在主流理論認為由於占了宇宙總質能73%，且不會隨著宇宙膨脹而稀釋的「暗能量」的存在，宇宙應會無窮無盡，無休無止地擴張下去。然而時空持續膨脹，星系中恆星的燃料終會消耗殆盡，恆星及所屬行星相繼解

體破壞，物質也會消散或轉變為黑洞。目前已五十億歲的太陽正值中年，五十億年後亦難逃解體的命運。黑洞又會經「霍金輻射」而轉變為普通粒子，於無盡的虛空中浮游飄盪。從這樣的推斷，時空縱然不一定會「有盡」，但在時空中之天體、物質及生命都難逃「有盡」的命運。

　　人類不但有可能是宇宙一百三十七億年，也確定是地球四十六億年發展出最智慧，最先進的產品。縱然沒有人類存在，時間依然行進，但沒有演化出高等意識及智慧來認識宇宙本身，便無法賦予「時空」意義。過去的人類一直在「在地化」及「線性化」的世界生存，而現在由於「全球化」、「科技化」及「資訊化」時代的加速進程，不但延長了人類的壽命，擴張了活動的空間，影響了地域的平衡，改變了世界的面貌，更不斷衝擊著傳統的價值與人類的生活。

現代的人類處在「一日生活圈」的「全球化」，「幾何級數化」的世界。但遺憾的是我們的心量與道德卻無法因應時空的快速變化及進展，仍然以地域的系統去分析全球性的問題，以線性的思維去面對幾何級數發展的變化。資本流通，交通便捷，科技發展，欲望解放造成了經濟的相對剝削，疾病的全球蔓延，環境的加速破壞，秩序的崩盤解體，反而使人類的文明與生存面臨最嚴苛的考驗。現代科技所創造出的「時空」，無疑是一種「破壞性的創造」，建立正確與公平的人類共同核心價值與全球秩序，以維持人類的永續發展，應是刻不容緩了。

　　證嚴上人開示人世間最重要的是「時間、空間、人與人之間」，勉勵慈濟人要把握時間，經營美善的人與人之間，很自然的就能擴大空間。慈濟從三十位家庭主婦開始，迄今四十八年的時間，都是在分秒間

累積。人與人之間，從少到多，由近而遠，不斷的帶動、啟發，從「做中學」、「學中覺」的將四大志業、八大腳印擴展到四大洋、五大洲，實踐了《無量義經》所說：「洪注大乘，潤漬眾生，布善種子，遍功德田；普令一切，發菩提心，無量大悲，救苦眾生」。

06 剎那 × 永恆

「時間是什麼？」，一直是千古難解的謎題。古希臘哲人赫拉克利圖斯(Heraclitus)認為時間如同河流一樣，萬物皆隨著時間流逝，時間從無限的過去，流向無限的未來。孔子也說：「逝者如斯乎，不舍晝夜。」中世紀基督教的聖哲奧古斯汀(St. Augustine)對時間有非常傳神的描述：「沒有人問我，我就很清楚，但有人問我，我即一無所知。」認為時間是去「過」的，而不是去「解」的。

西元前「部派佛教」的「說一切有部」主張「三世實有」之說，認為時間是一個從過去到現在，以至未來構成的綿延不斷的流程。而「經量部」及後來的

「大眾部」則不作如是觀，認為只有「現在」才是實在的，「過去」及「未來」皆無本體，「過去」是雜念，「未來」則是妄想。大乘佛教「空宗」之「中觀學派」以哲學辯證的方式來探討「時間」，從「八不緣起」的偈頌：「不生亦不滅，不常亦不斷，不一亦不異，不來亦不出。」詮釋「以有空義故，一切法得成。」雖然否定過去佛教對於時間實存的看法，但不否定時間本身。

　　禪宗有名的公案，唐朝俗姓周的德山是《金剛經》研究的大師，有「周金剛」之稱。但對於南宗「心即是佛」，「不立文字」的禪風無法認同。在南行挑戰踢館的路途中，欲購買點心充飢，店裏老嫗看他帶著《金剛經疏抄》，又一副「金剛不壞」的權威模樣，就直截了當地問他：「過去心不可得，現在心不可得，未來心不可得，請問您要點的是那個心？」

德山猶遭當頭棒喝，被問得啞口無言。雖然肯定「本體」是唯一永恆的存在，「活在當下」是禪宗的精義，也是伊斯蘭教蘇菲派(Sufis)的核心思想。

　　「現在」是「過去」的「未來」，也是「未來」的「過去」。我們感覺到的現在已瞬間移到下個現在，在主觀意識的時間流中，「現在」始終綿延的重複出現。無論是牛頓力學，相對論，馬克斯威爾的電磁理論，甚至量子論，皆無法決定時間方向，那一方是過去？那一方又是未來？但由於宇宙的重力場，星體只會朝著一個方向不斷的演化，也就是重力決定我們能感知時空四維向度進行的方向。時空既只有單一方向，所有宇宙的物質與生命只能依著時空進行方向成住壞空(物理)，生老病死(生理)，生住異滅(心理)。我們之所以輕易區別過去和未來，也就是因為這樣如「覆水難收」，「青春難回」的「不可逆」過程存

在，使我們意識到時間是從過去經現在，到未來的一條單行道。英國物理學家愛丁頓(Eddington)將時間的單向性稱為「時間之矢」。

人類也靠著「意識」，藉著地球自轉，月亮盈虛，晝夜循環，太陽移動來理解時間的存在；以地球繞著太陽公轉定義了「年」，以地球沿著自軸自轉，定義了「日」。這些現象的反覆出現，形成了「循環時間」，亦即人類的時間概念是經由宇宙的節奏和規律現象來決定的。時間既無法用眼睛來量化，也無法以主觀感受來刻度，只好發明鐘錶予以視覺化、系統化及標準化。但弔詭的是先進國家的人，鐘錶很多，時間卻很少，只因時間比鐘錶值錢；開發中國家的人鐘錶很少，時間卻很多，只因鐘錶比時間值錢。

「時間」就宇宙整體的觀點是一種「無限」的概念。宇宙的歷史是由過去，現在至未來的掃描，它既

是「客觀」，也是「中性」的，其間上演的是無數的因緣聚散，無量的生滅無常。但對於個別的事物及生命而言，時間既是「主觀」又是「有限」的。人類由於擁有記憶能力才能察覺時間的流逝，失去記憶的人永遠只知「現在」，也只有「現在」。沒有歷史感，沒有將來觀的「現在」猶如行屍走肉，這樣的「現在」沒有任何意義。我們是宇宙的旅人，也是時間的過客；所謂「過去」是「現在」留存在記憶的記錄，或者成為留存在「現在」的「過去」之歷史或化石痕跡，但仍屬於這個「現在」。神經細胞的結合模式必須一直維持變化，才能讓腦部維持記憶，保持清醒的意識，也才能規劃未來。

眾生不斷受到「過去」的記憶與習性之宰制，再加上「現在」內外環境不斷的衝擊，難免邪見障重，煩惱根深，對「未來」更充滿著不安。沉緬於過

去，迷茫於現在，焦慮於未來，活的時候好像永遠不會死，死去後又好像從來沒有活，不正是現代很多人生命的寫照嗎？李白也慨嘆：「棄我去者，昨日之日不可留；亂我心者，今日之日多煩憂。」「人生在世不稱意，明朝散髮弄扁舟。」說明了「煩惱」與「生死」皆是受制於「時間」的束縛。然而時間是生命長度的量尺，但絕不是生命價值的量尺。只要活得有意義，很真實就能超越生命的長短，創造永恆的境界。

　　蘇軾的《前赤壁賦》云：「蓋將自其變者而觀之，則天地曾不能以一瞬，自其不變者而觀之，則物與我皆無盡也。」剎那造就了永恆，永恆成就於剎那。「煩惱即菩提」，「生死即涅槃」，唯有完全斷滅業力及煩惱，能夠超越生死而活在當下，恆持剎那，達到「得大智慧，證真圓通，無剎不現，如無邊春」的境界，才是超越時間的真正解脫。時間能成

就功德，也能創造空間；證嚴上人自諭「一天八萬六千四百秒，天天都在過秒關」，聚沙成塔，聚米成籮，聚「剎那」成「永恆」，成就慈濟的人間大因緣與大志業。

07 不動 × 不息

　　天行健，君子以自強不息。宇宙中的星球、星系不論尺寸之大小，整體而言皆是運行不綴，靜止不動只是假相。地球不是靜止的位於宇宙的中心，而是一個以時速一千七百公里的速度自轉，同時以時速十萬七千公里的速度繞著太陽公轉，當我們睡足八個小時後，不知不覺已跟著地球走了超過八十五萬公里。太陽本身又繞著銀河系不停公轉，宇宙至少有一千億個像銀河系一樣的星系，每個星系又擁有約二千多億個恆星。太陽連同地球在距離銀河系中心二十五萬兆公里的軌道，以每小時七十七萬八千公里的速度，繞行一周約須近二・五億年。天體的運行大小互融，交

攝無盡，相互牽引，自成秩序，建構了「大中可以攝小，小中可以攝大，一切可以入一，而一中又可以容納一切」的華嚴境界。

　　宇宙中唯一的常是「無常」。無常又可分為在一段時期遷流變異的「一期無常」與瞬間生滅的「剎那無常」。《孫子兵法》云：「其疾如風，其徐如林，侵掠如火，不動如山。」相對於水的不舍晝夜，山給我們不知日月的印象是因為其變化極其緩慢。雖然山中的岩石會逐漸風化，暴雨狂風造成的土石流也會改變山的面貌，但在我們短短的有生之年，甚至百千萬年，它似乎是「守之不動，億百千劫」。山脈的隆起和分布主要是地殼運動下斷層與褶皺的產物；新山系高聳而呈現鋸齒狀，其勢甚銳，老山脈因受風化和侵蝕顯得圓滑，年華不再，都顯示山也處在成住壞空的過程中。永不停歇的板塊運動是地球宿命，近年來接

踵而至的大型地震，讓我們見識到移山倒海的威力，甚至改變了地球的自轉，縮短了地球的日長。今年巴基斯坦的地震，憑空從海面震出一個小島。而全球暖化造成海平面上升，勢將使許多陸地滅頂。滄海桑田，地質學家的研究顯示在十九億年前，地球只有一塊一體成形的超級大陸，經過不斷的分合離散，形成現在世界的七大洲，但也不會是永恆不變的「天長地久」。我們所感知的「不動」表相，其實是相對的，而「不息」的實相才是絕對的。

　　大宇宙如此，身體的小宇宙亦復如此。除了天體運行，地表陽光、磁場、大氣、洋流的變動，運轉著地球龐大的生命系統，並提供全部的能量。「剎那無常」包括細胞的汰舊換新，快速生滅；各種系統、器官和細胞的生理活動，都藉著化學和電的流動；新陳代謝透過生物酵素的催化作用進行物質與能量的

交換；DNA雙鏈螺旋結構，不但決定生物體的遺傳特徵，也控制蛋白質的合成來主導機體的運動、呼吸、免疫，甚至思想、行為等重要生命活動。而更微觀的是質子、中子中的夸克不停的穿梭碰撞，電子快速繞著原子核迴轉。

　　宇宙中唯一的不變是「變」。變化又可分為質變(qualitative change)與量變(quantitative change)。譬如精細胞和卵細胞本身皆不具備獨立發育為個體的能力，但一旦精卵合體就產生了質變，成為全能幹細胞(totipotent stem cell)，具足了發展成為一個新個體或新世代的潛能。人體中兩百多種不同型態功能，總數約六十兆個且不斷在推陳出新的細胞，皆是由一個受精卵細胞複製、分裂、分化而來。「一生無量」是從質變到量變的過程。而當年邁時，由於細胞的不斷退化，減少或者增生、癌化，量變又會產生身體功能的

質變，直到所有細胞及所屬個體的消亡。唯一有機會「永生」，世代傳承的細胞唯有精細胞及卵細胞的生殖細胞。質變和量變不斷交替進行，是宇宙萬物成住壞空，生命生老病死，周而復始，循環不斷的秘密。

　　佛法的「三法印」是對宇宙實相，生命本質的認識，以及如何離苦得樂的基本見解。「諸行無常」認為在相對的世間裏，任何物質、生命與環境都恆久處於不斷變化之中，永無一刻絕對的靜止。所有的物質從極小的基本粒子、原子、分子、細胞，以至極大星體、星系、宇宙都在永無休止運動、變化與生滅之中。而所有的生命在宇宙時空的長河裏，就如莊子所說「方生方死，方死方生」，生命的不同層次從粒子生命，原子生命，細胞生命，器官生命，個體生命以至生態生命，亦是遷流不居，變幻無常。而所有有情眾生的心識活動，從極簡單到極複雜，從反射到思

辨，也同樣是念念不住，念念生滅，前念方滅，後念又生，以此顯現一切能或不能為眾生察覺的意識、潛意識、下意識的心理狀態。

「諸法無我」認為無論是物質世界的「色法」，以及精神世界的「心法」，都是剎那變異，生滅不定，又如何於其中尋覓一個常住不變，恆作主宰的「我」呢？眾所周知，從「色、受、想、行、識」五蘊認知的「我」，從「眼、耳、鼻、舌、身、意」六識所覺知的「我」，都只是因緣和合一系列生物的身心活動，並不具足獨立自主，恆常不變的主體。

「涅槃寂靜」指的是依法修行，鍛鍊心智，超越「諸行無常」，「諸法無我」的境界，進入「不生不滅，不常不斷，不一不異，不來不出」的微深法界，從生滅無常中證得「常樂我淨」的永恆真理，也才能體悟真如是法界一切心物之源，含藏一切心物萬法之

種子。蘇軾之詩：「欲令詩語妙，無厭空且靜，靜故了群動，空故納萬境。」北京大覺寺有一乾隆皇帝親題的牌匾，從右向左看是「動靜等觀」闡明了不生不滅的宇宙實相，而從左向右看是「觀等靜動」，開示了謀定而後動的人生智慧。

《無量義經》的「靜寂清澄，志玄虛漠，守之不動，億百千劫」，是靜思法脈，上人勉勵慈濟人回歸清淨無染的本性，並要立大願，發大心，恆持「誠正信實」。而「無量法門，悉現在前，得大智慧，通達諸法」是慈濟宗門，慈濟人的修行方法是走入人群，在苦難處無所求的付出，見苦知福，利濟眾生，以修六度萬行，外行「慈悲喜捨」。「修行有動有靜」，靜處養氣，鬧處練神，精神專一，不動於心，智慧就能在人群事物中磨練出來。

08 宏觀 × 微觀

　　十七世紀期間，宇宙最大與最小維度，雙雙展現風貌。但直至二十世紀，難以測定的宏觀與微觀世界才納入我們對宇宙的整體知識體系中。

　　相對論與量子論無疑是現代物理的二大支柱。廣義相對論在探討宏觀的宇宙，超過地球五百公里的高空就稱為太空，而從此向遠處延伸，就是超過我們日常生活所能想像之浩瀚宇宙。我們所處的太陽系直徑約四十五億公里，銀河系的直徑約十萬光年。光年並非時間單位，而是距離單位；光速每秒行進三十萬公里，是宇宙可能的極速，光花一年的時間所能到達的距離稱為一光年，約為九兆四千六百億公里。目前科

技仍無法確切知道宇宙有多遼闊，可觀測的宇宙可能達到兩百億光年。宇宙不但「昊天罔極」，還不停地在擴大之中。

　　量子論是在處理原子，甚至更小的基本粒子所處微觀世界之定律的學問。宏觀的宇宙也是從微觀的尺寸開始的。凡是內含時間之宇宙在創生瞬間肯定有10^{-43}秒這麼老，在此之前沒有任何意義，稱為「普朗克時間」。同時凡有尺寸之宇宙，肯定已有10^{-35}公尺那麼寬，更小的宇宙已無意義，稱為「普朗克尺寸」。宇宙在誕生10^{-36}秒內的極瞬間，暴漲了10^{43}倍。在暴漲結束的同時，誕生了基本粒子與光，並形成了攝氏一兆度以上的灼熱宇宙，即是所謂「大霹靂」。此時之宇宙包括電子、夸克等基本粒子在空間穿梭漫飛。隨著宇宙膨脹，溫度下降，四處穿梭的夸克在宇宙誕生10^{-4}秒時彼此結合，誕生了質子與中

子。而當溫度下降至一億度，也是宇宙誕生三分鐘後，質子和中子碰撞融合形成原子核。在宇宙誕生三十八萬年後，溫度下降至三千度，電子與原子核飛行速度變慢，帶負電的電子被帶正電的質子擄獲形成原子。

　　原子的大小約10^{-10}公尺，原子核是10^{-14}公尺，質子及中子約10^{-15}公尺，基本粒子如電子及夸克約10^{-18}公尺。因為目前的量子力學無法適用於重力場，近代的科學家提出可以統合宇宙四種力(重力、強核力、弱核力、電磁力)的「超弦理論」，該理論認為所有的基本粒子皆能由一種長度約10^{-35}公尺的弦來表現，基本粒子種類的差異，是依據弦的長度和振盪予以區分。只有重力子稍為特別，其他的基本粒子是兩端打開的開放弦，重力子則是閉合的弦。而超弦理論若要在理論上毫無矛盾成立，宇宙必須是十維度或十一維度，

除了可感受四維度的時空，其餘六或七維度被假設捲縮於10^{-35}公尺的至小尺寸。而「膜宇宙理論」則認為我們的宇宙是三維度的膜，這樣的膜浮在高維度的空間，在十或十一維度中，只有三維度的膜會變大。

宇宙中已證實有許多黑洞存在，而黑洞的質量完全集中在中心大小幾乎為零，密度無限大的奇異點，會使周圍的空間強烈扭曲，光線也無法脫出，被視為是時空終點站。更令人驚訝的是相對論也預言「白洞」(white hole)的存在。黑洞是任何物質都無法從它脫離的天體，而白洞則是不斷飛出物質與光，任何東西皆無法停留。在白洞與黑洞的一放一收，一吐一納之間，也被推測有「蟲洞」(worm hole)相聯結，被認為是至另一個宇宙的通道。若能通過蟲洞可能超越時空障壁，回到過去的時光旅行。白洞及蟲洞是否存在，仍沒有確切結論。但量子論認為在微小的領域

中，一直存在能量的施與受，利用此能量，各種成對的粒子在瞬間產生，瞬間湮滅，能把能量還原。而一切空間都可能有微小蟲洞不斷生滅，但我們無法觀測；而大霹靂也可能是從白洞冒出來的。總之，宏觀與微觀之間，似乎是互相交錯，彼此消長。

地球上所有的生物都是具有功能及結構的一致性。細胞是生命的結構基礎，亦是生命最小的功能單位。人類是地球最進化的多細胞生物，大約由六十兆個細胞所構成。一個細胞的大小比針尖小十倍，而每個細胞都含有難以計數的原子、分子、分子結構物。生命現象建構在從細胞→組織→器官→系統→個體的一系列層次上，而表現於生長、發育、呼吸、循環、消化、增殖的新陳代謝及思想、行為的表現上。從生命宏觀的層次，我們可以認識生命現象，但只有從微觀的層次，我們才能透徹生命本質。量子生物學的發

展將有助於瞭解生物分子間相互作用，能量與訊息的貯藏與傳遞，更能明白微觀世界的生命本質及運作方式。

證嚴上人期勉弟子要有「微塵人生」的功夫，縮小自己，放下身段，融入群體，就像滴水滙入功德大海，才能永不乾涸，並效法「奈米良能」，如同微細到看不見的奈米科技，却能發揮無比的功能。微觀自己，宏觀世界，心淨國土淨，心寬天地寬。

研讀歷史也必須兼具宏觀與微觀，歷史常只有「表相」，不一定有「真相」；有「事件」，不一定有「事實」。在不同的時代，歷史會有不同的解讀；常常以人民的「心理需求」，統治者的「政治正確」來詮釋。事情的起承轉合，前因後果，時代背景，利弊得失既不是史學家能完全了解，也不能根據成敗來斷定。歷史的智慧與哲理，是在無數不同的地方，不

同的時間，以文治與武功，智慧與血汗，成功和失敗，理智和感性所交織出來的寶貴經驗。要深刻的面對現實，迎向未來，應以更精確的研析來透徹歷史，解讀歷史。

09 整體 × 個體

　　細胞的加總不等於一個人，人民的加總不等於
一個國家，國家的加總不等於地球，星球的加總不等
於宇宙。個體是構成整體的元素，但其加總不等於整
體。森林是每一棵樹所構成的，但森林能夠形成，絕
對不只是樹木的集合。整體與個體不但是相對的，也
是相成的。

　　人類身體由兩百多種不同型態與功能，總數約
六十兆個細胞所組成，是一個分工精細，組織嚴密的
「細胞大社會」。而這樣功能多元，數目眾多的細胞
必須合縱連橫，互動制衡才能發揮生命的功能。無論
是細胞之間的連繫，細胞與外在環境的相互作用，都

須透過許多「訊息分子」協調整合。細胞透過表面或受體接受來自細胞外的訊息，導致化學物質的生成變化，並將之傳入細胞內部引起對外界的反應。細胞活動是生物活動的基礎，而縱橫於細胞內及細胞之間的訊息傳遞，對於細胞的存滅、功能、形態、代謝、增殖及分化至關重大。相鄰近的細胞是以細胞識別，細胞黏合與細胞連接來連繫及建構組織及器官；而距離較遠的細胞則是透過內分泌因子，細胞因子(cytokine)及生長因子(growth factor)來建立訊息交通網路。

就細胞而言，其實具有「雙重生命」，即本身之個體生命及所屬身體之整體生命。而細胞之死亡過程亦有兩種不同型式，一是由細胞膜先行損壞之「壞死」(necrosis)，一是由染色體先行破壞之「凋亡」(apoptosis)。凋亡又稱為「程序化細胞死亡」，也即是一種自動化死亡方式；生物為了本身造型需求，細胞

數量調整及剔除危險或不必要細胞所啟動一種機制。為了完成凋亡，細胞內部有受遺傳支配的自殺基因合成能夠自殺的蛋白質，以犧牲「小我」的精神來成就「大我」生命的生存和利益。人體的細胞分裂每秒鐘超過一億次以上，除了肌肉細胞與神經細胞外，其他種類的細胞皆不斷地在「推陳出新」。

現代西方醫學對解除人類的痛苦，增進人類健康及延長人類壽命有巨大的貢獻。但不可諱言的，也出現許多弊病，如科技與儀器的進步，造成新一代的醫師淪為科技的奴隸，喪失了臨床觀察及診療的基本功；功利及利己主義的盛行，讓醫師失去對人的關懷，重視「病」甚於「人」；醫療高度專業化，細分科化，使醫師「見樹不見林」，失去了「全人醫療」的視野。西醫比較重視器官是否能正常運作，講究科學化的檢測論證，運用「開箱法」將身體逐層解構，

從解剖構造的組織、器官、細胞到染色體、基因及生化、生理、病理的分析。而重視氣血運行、脈理診斷的中醫是採「黑箱經驗法則」，將不同的刺激所得到反應歸納總結，得到系統化的概念，強調身心一體的全息觀。西醫「盡精微」的「微觀醫學」，與中醫「致廣大」的「宏觀醫學」有不同理論架構，但若能相輔相成，結合無礙才能邁向真正的「全人醫療」。

近代的生物學家也逐漸超越以往主張生命是由生命力或能源所構成的「生機論」(vitalism)，以及主張生命及演化是依據預先決定目標的「目的論」(teleology)，而開啟了生命是「有機體」的想法。「有機論」強調的是「整體不是個體的加總」，若是只分析各部分或個體的作用，就會忽略交互作用生成的突現性質(emergent property)，這些特質構成生命的特徵。生物世界呈現的關聯性(coherence)，不但是整合

的，動態的，更是廣泛的。小至有機體的基本粒子、原子、分子、細胞，大至整個生物圈的所有生命。如果說生物世界是微妙且有效率的相互作用產生的整體，將使達爾文「物競天擇，適者生存」的立論站不住腳。

一九二〇年代，量子力學的發展也結束古典物理學的時代。特別在一九九七年於日內瓦大學進行的將光的粒子即光子分裂為二，成為「雙生光子」的行為研究，更撼動傳統學術知識的基礎。傳統理論認為「雙生子」是分離的，彼此並無溝通，但這個研究結果顯示即使雙生光子被分離，只要其中一個發生變化，另一個也自動產生同樣變化。物理學家將這樣仍不知機轉的神秘連結稱為「量子糾纏」(quantum entaglement)。大部分宇宙的量子共有或曾共有相同的量子態，這不但是粒子物理學(microphysics)的現象，

也是宇宙學的現象，包括了宇宙最小到最大的結構。「整體論」是新物理學的精髓，世界上所有的事物都是相互關聯的，所有個體或部分的事物，最終都會整合成整體世界。

　　雖然包括愛因斯坦的許多科學家，認為人類的意識是以主觀的存在獨立於宇宙之外，包括惠勒（Wheeler）及博姆（Bohm）等科學家，則發現觀測者與被觀測者是一體的，雙方所產生的效應會「成對」的進入真實世界，意識在觀測的過程中被深刻地牽捲在整個世界中，不能獨立的被抽離。這種「境」與「識」是一體的，是相成的理論，完全契合佛學之「唯識思想」。博姆於一九八三年出版的《整體性與隱秩序》一書中，認為包含意識在內的物質世界，其整體性是絕對的，存在有序化的規律，稱之為「整體秩序」。而隱秩序（implicate order）包含意識在內的多元整體性，

是看不見，無所不在的「當下如是」(isness)。一切物質、能量，甚至意識的變化會從「當下如是」的狀態浮現，而屬於顯秩序(explicate order)。博姆在思量萬物間相互連結的本質後，推論世界運作的方式就像巨大的「宇宙全像圖」(cosmic hologram)，也就是說宇宙是一個「無量之網」。

　　無論是物理學、生物學、心理學都發展出互相關聯，互為因果的「整體論」，非常符合佛教「華嚴宗」法界緣起的「緣起因分」思想。色、心、依、正、過去、現在、未來、有為、無為法都是互為因果，或者一法為因，萬法為果；或者萬法為因，一法為果。所謂一即一切，一切即一，相互依存，圓融無礙。世界千變萬化的現象，無非是質能轉化，心態變化而已，而「質能守恆」的科學原理也近乎「華嚴世界」。

10　腦識 × 心識

　　身與心，腦識(brain)與心識(mind)的分合因果關係，一直是人類生命中最難解的謎題，對於意識狀態到底是「唯心」還是「唯物」，「一元」或者「二元」仍然爭論不休。「一元論」認為腦是心智的主宰，意識完全仰賴腦的活動，是由不同神經迴路建構的複雜網路，交互作用產生大量訊息的突現特質(emergent property)。「二元論」的觀點，認為意識不是單純物質世界作用的延伸產物，宇宙是由物質世界與精神世界共同組成，二個世界不相隸屬，但可互相影響，肯定靈魂是獨立存在的個體。

　　清醒的意識是一種了解自我及環境的狀態，神

經科學認為其必要條件必須涵括覺醒(arousal)與認知(awareness)兩部分。覺醒是較原始的反應,植基於腦幹內散佈的神經核與神經徑路所構成的網路,從延髓上溯至視丘,稱為上行性網路活化系統(ascending reticular activating system, ARAS)。ARAS經由視丘投射到整個大腦皮質,作為大腦皮質認知系統的開關(on-off switch),在正常的情況下,形成睡眠與清醒的週期。而認知則指高功能的協統各種型態的感覺輸入,使個體能有意義的了解自我與環境,植基於整個大腦皮質。換言之,意識的成立是以大腦為中央機構,將內外的感覺輸入編碼(encode),產生意識及自我認知(self-knowledge)。

我們常把神經活動界定為:「化學與電流感應的活動之總和」。大腦皮質約有總數一千億個,但種類不同的神經元(neuron),其形狀、大小、連結形態、

神經化學物質的種類皆不相同，但攜帶訊息的方式非常接近，皆是以電化學訊號進行溝通。神經元傳送的電訊息是由帶電的離子，如帶正電的鈉離子、鉀離子及帶負電的氯離子，藉其快速內外變動引發動作電位(action potential)，並以高速通過軸突(axon)來傳遞訊息。軸突的末端是突觸(synapse)，包括傳送訊息之「前突觸神經元」，接受訊息的「後突觸神經元」的樹突(dendrite)或細胞體，以及兩者之間寬約百萬分之一公分的「突觸間隙」(synaptic gap)。一個神經元平均形成一千個突觸聯結，更能接受上萬個訊息。

　　當神經元細胞體送出電脈衝，經過軸突流到終端，其上之小囊胞就會釋出神經傳導物質，將之流入突觸中。假如有足夠的神經傳導物質與接受訊息的神經元結合，就會打開細胞膜的離子孔道，經由動作電位將訊息一個一個細胞的傳下去。人類腦中約有一百

種神經傳導物質，但至少有七種被證實與認知有關。
不同種類的神經細胞，會分泌不同的神經傳導物質，
來輸送不同的情緒與感覺，這些物質可以控制精神、
生理及記憶，基因與環境對這些流動於心智中的河
流，都有舉足輕重的影響。「唯物論」者常堅持生命
中的喜怒哀樂，愛恨情仇不過是大腦神經元的作用而
已。從腦傷或藥物引起意識改變的事實，也證明物質
和精神必然會在分子層面交流。

　　雖然腦神經科學家微觀到細胞膜的離子孔道，
神經軸突的電脈衝，通過突觸的神經傳導物質，却仍
無法充分解釋神經元活動是如何產生主觀的心理狀
態。這也是為何在科學如此昌明的今天，「二元論」
的思維仍根深蒂固的被許多人所認同。除了宗教的教
義及信仰的力量，內觀、冥想、祈禱與禪修，也提供
了許多特異的經驗。孔恩(Kuhn)認為神經科學客觀的

觀察與實驗，和佛教主觀的內觀與冥想，是兩種對意識狀態截然不同的探索方式。「唯物論」的科學家普遍認為觀想、信仰、情緒及意識都只是腦的幻想，物質世界的延伸。而佛教以禪修打坐來穩定心識，審查心識，便能察覺在知覺思維外，還存有意識的微細層面，也就是所謂的「內在覺性」（intrinsic awareness），認為它不需要依賴身體及腦。《禪與腦》的作者奧斯汀(Austin)研究禪修者的腦波變化，認為「開悟」狀態會改變腦的運作。

　　「唯識論」主張「識有境無」，認為世界一切皆是虛妄不實，都是由「識」所變現。「宇宙萬有」是「所變」，而廣義的「識」是「能變」。「能變」又分為三種，包括「異熟」、「思量」及「了別意識」；「異熟」是「初能變」，即是第八識的「阿賴耶識」，又稱為「心」；「思量」是「二能變」，

即第七識的「末那識」，又稱為「意」；而「了別意識」是「三能變」，即眼、耳、鼻、舌、身、意之前六識，又稱為「識」。《成唯識論》如此註解：「集起名心，思量名意，了別名識，是三別義。」在「三能變」中，只有第八識被認為是「本識」，其餘七識皆由第八識轉生，屬於「轉識」。

從眼、耳、鼻、舌、身、意的六根，緣起了色、聲、香、味、觸、法的六境，至大腦皮質各相應的特化部位，形成了對外塵外境之相，起了分別作用之六識，已被證實完全符合現代的腦神經科學。而末那識功能是「恆審思量」，亦即「自我意識」。《成唯識論》云：「次第二能變，是識名末那，依彼轉緣彼，思量為性相，四煩惱常俱，謂我癡我見，並我慢我愛，及餘觸等俱。」末那識是執著於自我的深層心理，並於生死流轉之間，持續不斷的活動。末那識很

相近於心理學大師佛洛伊德(Freud)所提出的人格構造架構，包括原我(Id)的原始欲望，自我(Ego)的現實適應及超我(Superego)的人格監督，也就是虛妄我執，天人交戰的潛意識。現代科學認為潛意識以及情緒反應，皆與大腦深層邊緣系統(Limbic system)有重大關係，也證實人類受到潛意識之情緒影響，更勝於理性對情緒的調控，要成為「理性動物」確實還有很大的成長空間。「有情眾生」無論演化的高低，善惡的分別，都仍有「我執」及「有漏心」。

第八識阿賴耶識又稱為「本識」、「本心」，謂是一切法之根本故；也稱為「宅識」或「藏識」，謂是種子之宅舍故。它儲藏了所有雜染及清淨的諸法種子，這些種子能產生善業與惡業的異熟果報，但本身却不記善惡(無記)，也是真實不虛(無覆)。然而這樣無限潛能，真實不虛，為器世界所依託，並含藏先天及

後天記憶的識，難道是無中生有，憑空而起？以現代生物學的知識，阿賴耶識最能合乎條件的物質基礎，大概非「基因」莫屬了。我們已了解，細胞是構成生命的基本單位，基因(Gene)則是遺傳的基本單位。基因除了控制遺傳的特質表現，是生命的設計圖，同時也決定蛋白質的合成。蛋白質不但是我們身體的主要成分，也構成各種酵素和激素，使體內各種生命化學反應能順利進行，而人體中有二萬多個基因，約有60至80%是負責腦部運作。可以說，生物所有的新陳代謝、生命反應、增殖分化及思想行為都是基因的運作，此與阿賴耶識「種子生現行」的說法不謀而合。

　　現代科學也了解所有個體的社會行為，皆是受環境與其遺傳基因交互作用的影響塑造而成的。基因並不會隨意表現與啟動，而僅在需要該基因的時間和地點適當的活化。像人類這樣複雜的多細胞動物，每

個細胞皆必須與其他數兆細胞和諧運作，所以每個基因都必備有數個至十數個調控基因來活化。近年來分子生物學的研究，基因的表現會受到許多調控機制及各種化學環境及物理力場的影響。人類的二萬三千個基因大約只佔基因體三十億對含氮鹼基的3到5%而已。基因以外的含氮鹼基被稱為「非編碼DNA」（Junk DNA），已被證實可以合成「微型核糖核酸」（Micro RNA），與基因調控有關。非編碼DNA很可能隱藏人類演化的過程，而所製造出來的RNA可調解人類從受精卵到發育完全的整個過程。《成唯識論》稱：「令種成長，故名薰習」，能夠產出種子的現行之薰發作用稱為薰習。基因會因環境及刺激而改變，也印證了唯識「現行薰種子」的要義。

《成唯識論掌中樞要》認為「真異熟具三義；一、業果，二、不斷，三、遍三界。」也就是第八識

能決定帶業轉生於各界、趣或道的說法。科學家於七〇年代已確定，幾乎所有的生物所使用A、T、G、C四種基因共同的密碼，只是排列的次序與長短不同而已，也共有相同胺基酸以合成蛋白質。就如同五線譜是音樂世界的共通語言，DNA便是所有生物共同語言，也因為遺傳密碼的一致性，不同生物的DNA均能重新排列組合，而從一種生物的DNA移轉至其他生物也代表同樣的意義，這不但使人類能建立生物科技工業的基礎，說不定也提供「轉生」的可能平台。

　　繞在染色體上的DNA指揮棒，透過生殖代代相傳，我們體內二十三對染色體，都是父精母卵各自帶著二十三對染色體湊合而成對的。每個精子與卵子的製造過程中，部分的父系與母系的染色體機械性的脫離自己，和相應的染色體交換位置(cross over)，隨緣重組而成，在精卵結合的瞬間，決定了生命樂章的基

調，而一對父母精卵結合有高達七十兆個可能組合。「種子生種子」，每個生命都是獨一無二的。

　　「心、佛、眾生」三無差異，阿賴耶識代表了無限可能，無限的因緣流轉，「自性若悟，眾生是佛；自性若迷，佛是眾生」。禪宗公案，神秀以「諸惡莫作，眾善奉行」的精神寫下的偈語：「身是菩提樹，心如明鏡台，時時勤拂拭，莫使惹塵埃。」是著眼於末那識的「善惡交戰」層面。而慧能的「菩提本無樹，明鏡亦非台，本來無一物，何處惹塵埃。」則是立足於阿賴耶識「無記無覆」、「能藏所藏」，含藏淨染諸種子是有為法與無為法的根本之觀點。佛教的宗旨在止惡修善，離苦得樂，轉迷成悟，其思想既非「唯心論」，也非「唯物論」，而是「空即是色」，「空不異色」的「空有不二」論。

11　必然 × 偶然

　　「生是偶然，死是必然」是我們耳熟能詳的
一句話，道盡人生的無奈。生死是一體的兩面，買
一送一，生的開始就註定死的必然。假如生真的是
隨機性，或是偶發獨特性的「偶然」，把生死包裹
(package)在一起，死亦可視為「偶然」，方生方滅都
是宇宙的「偶然」。生命的誕生與宇宙的萌生到底是
漫無目的，隨機性的「偶然」所碰撞出來的呢？還是
背後的「影武者」或「創造者」所精心設計的「必
然」呢？人生的命運與宇宙的未來是屬於「萬般皆天
定，半點不由人」的「宿命論」呢？還是「諸行無
常」，「人定勝天」的「未定論」呢？仍然是人言人

殊，難有定論。

　　科學革命前，在「天動說」及「神創說」仍深植人心的時代，地球是宇宙的中心，人類是地球的主宰，從沒有遭到質疑。哥白尼(Copernicus)的「地動說」，以及其後發展的天文學，證實了不但是地球，就連太陽、銀河系在浩瀚的宇宙中，不但渺小，而且平凡。現代的宇宙學主張宇宙沒有所謂的中心，每個人都可認定自己是宇宙的中心。即使在地球以外的星體有智慧的生命，也絕非不可思議。達爾文的「演化論」，只能認定人類充其量只是地球現階段的武林盟主，但無法保證人類是永遠的地球主宰，畢竟曾經雄霸地球一億年之久的恐龍在六千五百萬年前突然灰飛煙滅，而今安在？

　　能孕育高等生物的星球，有極其嚴苛之條件。生物學家認為萬物並育，生機盎然的地球可能是太陽

系，甚至銀河系中最得天獨厚，因緣殊勝的星球，也是人類唯一能生存的空間。生物生存的首要條件是液態水的存在，地球能常保持於0℃至100℃的氣溫，使水能以液態存在，可以說是造化的奇蹟。而地球的氣溫取決於其與太陽的距離，能維持生物生存年平均氣溫15℃，主要是與太陽的距離無比精確地恰到好處，才不致於造成灼熱的煉獄或冰冷的世界。地球於太陽系之絕佳位置，不但得以保有液態水及大氣，而其自然生態之微妙平衡，保持二氧化碳與氧氣在一定的比率。圍繞著地球有二大護法，包括質量是地球三百一十八倍的木星及九十五倍之土星，巧妙地成為天然屏障，使地球減少受慧星撞擊的機率，也護佑著地球有數十億年的時間來孕育萬物生命，演化高等生靈。無怪乎主張「人本原理」(anthropic principle)的學者堅持，在這個宇宙，具有誕生人類的目的。

二十世紀初的物理科學界，曾有一場有關「決定論」與「非決定論」的精彩論辯，雙方陣容堅強。「決定論」陣營的主將包括愛因斯坦，波動力學的創立人薛丁格(Schrodinger)等；而「非決定論」陣營的代表包括哥本哈根學派的波爾(Bohr)，以及測不準原理的創立人海森堡(Heisenberg)等。我們可以預料這樣的「華山論劍」，註定是各自表述沒有結果。就以學術理論來區分，「牛頓力學」可以完美詮釋生活周遭的物體運動到天上行星的運行；但當物體運動的速度和重力極端大的場合，就必須使用「相對論」來理解；兩者基本上都屬於「決定論」。但在微觀的世界似乎沒有全知全能的神，無論是「量子力學」或者「超弦理論」都較屬於「非決定論」。「非決定論」的主要論點是自然界所發生的事有些取決於某種機率，完全無法由因果關係預先推知。而「決定論」者認為我們

無法預知，乃是我們的資訊不足或能力不足，無法精確的分析所有的影響因素。我們的宏觀世界似乎棲息在一個由「機率」所掌控模糊的微觀世界。而最大的癥結在於我們不知微觀世界的「非決定論」對宏觀尺度會有多大的影響。

筆者在寫這篇文章時，正值「蘇力颱風」已逼近台灣，在這樣的兵臨城下，氣象局仍無法預測颱風的走向，只提出三條可能參考路線。氣候系統最主要運作條件是皆屬於對外力的反應很難預測的「非線性系統」的大氣和海洋，而且是兩者彼此相互作用偶合(coupling)的結果，非常的複雜詭異。不只如此，生物圈與氣候狀況的相互反應也難以預測捉摸。我相當同情氣象預報的專家及必須判斷是否要放颱風假的地方首長，因為「說的準沒人說，說不準沒人不說」。「鐵板神算」，「鐵口論命」，許多人在人生困頓的

時候，除了祈求神明，也常求算命解惑。「命相學」是一個長期累積觀察經驗形成的概率學問，並沒有完全的「不科學」，但嚴格的說，是比較屬於「結果論」，而非「決定論」。相師從敏銳觀察「現狀」，配合「相理」機率，綜合論斷「目前」(up to now)的運勢，也許會有相當的準確性。但對於「未來」，恐怕就如天氣預測的「天有不測風雲」，「人有旦夕禍福」也難以掌握。「行為心理學」告訴我們，念頭的累積會形成思想，思想的累積會影響行為，行為的累積會變成習性，習性的累積會塑造性格，而性格會左右命運。「命自我立」，顧好每一念心，就能「運命」，也才能營造好的「命運」。

「人心難測」恐怕更甚於天氣、命運。物理學只需用長、寬、高及時間四個維度來描述物體的運動行為。人是社會動物，也是社會原子，社會學的

座標遠比物理學更複雜，我們生活的社會是一個多元空間，我們的生命軌跡是在這個多元空間的多元函數曲線，要尋求自己的定位很難。每一個人在世間皆扮演多重角色，有不同的家庭背景，學習歷程，生命經驗，社會地位，命運際遇，加上基因所賦予的不同個性和能力，我們的意識與意志層次應是多元的「未決定論」。從這個角度觀之，人生似乎是混沌的，無序的；還好人類還有「共性」，並且有法律規範，道德制約，教育養成及輿論監督，能從「無序」中找到「有序」。

就如前章討論「集起為心」的阿賴耶識，既能聚積諸法種子，又能生成諸法，基因是生命的設計圖，也是生命的一部分，能決定蛋白質的合成以建構根身，促進新陳代謝，增殖分化，甚至導引思想行為。「唯心所造」，基因不但是能為生命編寫程式

的程序大師，同時也是生物所有行為的促進器，監察器與記錄器，猶如負責公司重大決策的董事長。「唯識所現」，當腦高度開發，會逐漸接掌決策，藉著學習和模擬建構的神經網路，輸入樣本，參考儲存資料，以產生複雜的輸出形態，如習性、思考、判斷、行為，有如實際負責執行政策的總經理。基因「無剎不現」，一分一秒都在運作，否則無法生存。神經「無孔不入」，無時無刻都在交流，否則無法學習。總之，人類的社會行為是由基因，到神經系統，以至文化、教育與社會體系所建構的價值體系交互作用，產生的錯綜複雜的潛在變化。是基因或環境，是本性(nature)或教養(nurture)對人類影響較大，仍沒有定論，但事實上，是一體兩面，應是取決於兩者的互動。大腦及基因都有「創化性」，社會及環境都有「變異性」，所謂的演化世界就是允許生物「自我創造」(to make themselves)及「自我適應」的世界,人類演化與文化的深奧層次應屬於是「未決定論」。孟子的人性「本善」與荀子的人性「本惡」的大哉爭論,也是一個千古「無解」的命題。

　　佛法所廣為解說的是宇宙與生命各種生滅現象與因緣果報的原理,導引眾生如何順應及駕馭這些原理,提升自我品質,改造外在環境,營造善的共業,創造永續文明。佛陀以「三法印」、「四聖諦」與「十二因緣觀」剖析人生苦難的本質與生命流轉的因緣。不同於「悲觀主義」,佛法以「自性若悟,眾生是佛」來肯定人有無限的可能,以「憶念勝」、「梵行勝」與「勤勇勝」的大智、大悲、大雄無畏,來肯定人性的殊勝性。佛法的因果論,在生命的流轉上強調「未決定論」,但在主觀的意志與努力上,傾向於「決定論」,佛教是「自力」的宗教,我們是自己

的主人，也可以是自己的佛陀。套句《金剛經》的台詞：「所謂決定，即非決定，是名決定。」

12　我信 × 我見

在十七世紀「科學革命」及十八世紀「理性主義」的啟蒙時代，科學與天主教的關係無疑是針鋒相對，水火不容的。科學的進展曾受到教會無情的壓制，但終在「真理愈辯愈明」的現實下，戰勝來自宗教神權的宰制。但弔詭的是許多天主教教士事實上是現代科學啟蒙者，而當時碰撞「天條」的科學家如達文西(Da Vinci)、哥白尼(Copernicus)、克普勒(Kepler)、伽利略(Galilei)、牛頓(Newton)，都仍信仰基督宗教，並認為上帝創造世界時，將一切數學與力學的因素都作了妥善的安排。因應此情勢，哲學家也開始傾向「自然神論」(Deism)，認為上帝在創造了這個複雜而

有秩序的宇宙後，就不再繼續監管或干預，而是讓宇宙按照完美及固定的規律去運作。

到了十九世紀，達爾文的「演化論」拆解了「神創說」的教條。二十世紀，「相對論」與「量子論」分別擘畫了巨觀與微觀的物理世界；「分子生物學」的發展，破解了DNA雙螺旋結構，解開了遺傳與生命的奧秘。這些開天闢地，驚天動地的成果強化了科學化約主義及「一元論」的觀點，放逐了「神」，也加速宗教的邊緣化。「我見故我信」的科學與「我信故我見」的宗教，有不同的邏輯思維與理論架構，衝突自在所難免。

美國「人類基因組計劃」的前主持人柯林斯(Collins)認為演化的科學知識與造物者的神並無衝突。許多科學家包括「氣候變遷政府間專家委員會」主席休頓(Houghton)與粒子物理學家鮑金霍恩(Polkinghorne)

都相信上帝。但也有許多科學的「基本教義派」，包括發表《自私的基因》的道金斯(Dawkins)，鼎鼎大名的物理學家霍金(Hawking)等。「無神論」者認為上帝或諸神的概念，只是用來填補人類的無知，並以「空缺處的上帝」(God of the gaps)來嘲諷「有神論」者，認為隨著科學填補這些空缺，終將證明上帝並不存在。把上帝貶低為像棒球隊中隨時補位的「牛棚投手」，當然會引起「衛道者」的不滿和反駁，他們認為霍金「宇宙可以無中生有，創造自身」以及「數學和物理定律就足以產生宇宙及生命」不合邏輯，完全是科幻小說的情節，堅持神不是空缺處的上帝，也不是點燃「大霹靂」火苗，就讓宇宙開始運作，自生自滅「自然神論」的上帝，而是創造宇宙而且會不斷維持它存在的上帝。

近代的科學是歐美基督教文明的產物，不但建立

在知識理論的「邏輯性」，實驗驗證的「正確性」，更由於其衍生的強大「功利性」與「實用性」，已成為現代人類社會的不二顯學以及歷史進展的主軸力量。教宗若望保祿二世在一九九六年也終於承認「演化論」不只是一個假說而已，但他也說：「眾多演化論以及啟迪它們的哲學思想，都咸信心智來自生物物質所產生的力量，甚至或根本認為僅是這些物質所引起的附加現象，這些均與身而為人的事實不符，同時它們也無損身而為人的尊嚴一絲一毫，人的內在經驗、自我體認均為我們用來與上帝交流溝通的機制」。

曾幾何時，獨領風騷四百年的科學目前已面臨危機四伏的局面了，科技化、全球化、資訊化已造成資源耗損、環境污染、生態破壞、貧富不均與政治不安。當天災頻傳，生存資源匱乏之際，科技又會淪

為人類爭奪資源的凶器，主張「權力意志」(Will to power)的哲學家尼采(Nietzsche)認為「上帝已死」，霍金更宣稱「哲學已死」。沒有信仰也是一種信仰，科學對霍金而言，也是一種「宗教」。但是科學不但是「一刀兩刃」，可以載舟，也可覆舟，更是有極限的，既不能回答根本的「存在」問題，無法定義「意義」，也無法辨別「是非」，生命意義與倫理價值的界定存在於科學領域之外。

早期人類在艱困的自然環境中尋求生存之道，對天地神明有無比的敬畏，認為「天」是孕育萬物、創造生命、運轉四時及掌控秩序的絕對存在。人類宗教意識大約萌芽於西元前一萬年至三萬年的中石器時代後期，當原始人腦容量增大，生產工具改進，也慢慢具備抽象思考的能力；對自然現象與未知事物感到憂懼，也因為夢到往生的親人，產生了靈魂不滅的概

念。在古代，祭司實際上是教授，巫醫實際上就是學者，負責解釋自然現象及消除對未知的疑懼，宗教是科學的自然發展，科學是宗教的成立目的，並無對立。《論語》：「天何言哉？四時行焉，百物生焉，天何言哉？」是以客觀自然信仰為中心的「天」；「四十而不惑，五十而知天命」是以主觀哲學思想為中心的「天」；「君權神授」是以鞏固領導中心的「天」。「天」主宰心靈與物質，政治與社會，無所不在，無處不現。早期的西方文明，古希臘人亦認為人由神造，命由天定，但後來的西方在哲學上有本體界與現象界之分，在宗教上有天國與人間之分，涇渭分明。理性主義巨匠康德(Kant)主張人有現實社會與價值社會兩個面向，但最終仍能統一在「上帝」這個觀念上。

要對宗教下準確之定義幾乎是不可能的，從「帶

有感情色彩的道德」、「基於人類社會本能的傳染病」、「與宇宙中無所不在的神保持正常關係的有效驗欲望」、「超人的控制自然或人類生命發展進程的安慰或調解力量」到「訴諸超越的絕對力量」，不一而足。宗教的基本條件包括信仰的對象、教義、戒律、經典、儀式、神職人員與信徒；其起源是基於人性的脆弱、矛盾、複雜、不完全，人生是苦的本質，對天地與大自然的敬畏；而其宗旨在提升人性，安定人心，抑惡揚善及促進文明。自古以來，宗教便超越民族、種族、國家之界線，貫穿時空，對人類的思維與行為帶來莫大的影響。「一神論」的基督宗教，伊斯蘭教，「多神論」的印度教，傾向「無神論」的佛教，將地球切割成幾個文化圈，推動時代巨輪，滾滾前進。宗教的面貌不只一種，而走向神的途徑也並非單行道。

人性的「卑微」與「神聖」，歷史的「戰爭」與「和平」，都在宗教的天網恢恢中。宗教的目的既在渡化人間、淨化社會，追求生命無限的可能性，其教義也應因應時代的需求而改變，成為社會向上的力量。證嚴上人對宗教的定義：「宗是生命的宗旨，教是生活的教育。」充分傳達了佛教人間化的精神。只以改造自己的內心來順應外在世界的劇烈變化，是「逃脫」的宗教；屈服於權威，沉迷於儀式的宗教是「虛脫」的宗教；只投射及嚮往超脫現實的虛擬世界是「超脫」的宗教；只有以宗教入世的精神，應用經世致用的知識，從深觀的大智，廣行的大愛去實踐宗教的教義，營造善的共業，以改善外在世界，提升心靈品質，才是「解脫」的宗教。近代正信宗教有共同關心的議題和努力的目標，包括救助貧病，保護環境，愛好和平及互相尊重。真正的宗教信徒應先在心

靈淨化自己，才能展現淨化世界的力量。

　　從信心、信仰、信任到信念，「信」是廣泛多義的。神經學家紐柏格(Newberg)認為知覺(perception)，認知(cognition)，社會共識(social consensus)以及情緒價值(emotional value)這四個環節的互動，讓我們得以辨別、探索、評價以及比較從有關生命意義到日常生活的各種信念，信念是有意義的真實經驗在神經細胞之間所形成的表徵。信念來自進入感官的外在訊息，並在有如星雲一般的意識裏堆積成形，在這個過程中，數十億個突觸處理程序將神經訊號轉化為範疇、概念、情緒、記憶、思想及好惡。但信念所構成的心理地圖，並不完全等同於真實地形，另一位神經學家迦薩尼迦(Gazzaniga)發現左腦半球可以使怪異的輸入資料合乎邏輯，而其中一個特殊區域負責詮釋隨時接收到的輸入訊息，將之編織成故事，以強化我們的

信念，他稱之為「左腦半球詮釋者」（left-hemisphere interpreter）。人類一旦形成某種信念，大腦本能地拒絕不符合既有的經驗和知識的訊息，即使反證如山，亦復如此。這也能解釋當宗教的教主或導師被法律或輿論審判為騙徒時，許多信眾仍一本初衷，拒絕承認。

　　科學不斷躍進，累積的知識愈多，愈顯得人類在浩瀚宇宙中的渺小，也體會萬物運作的精巧與奇妙。探索宇宙與生命就如同深入「迷霧森林」，撥開一層雲霧，卻發現前面還有重重的迷霧等待我們。科學持續演進，反而使許多科學家更加謙卑，也有更堅定的信仰，科學不是讓人不得信宗教，只是得不信宗教，但更多的時候是不得不信宗教。同樣的，由於信念形成的虛假性，沒有懷疑與思索，宗教就不會有成長，也無法因應時代的需求。宗教教義的建構中，都是經過不斷的挑戰與辯證，才能形成完善成熟的思想

體系。「大疑大悟，小疑小悟，不疑不悟」，了脫生死，探究心靈的無上智慧，不能只建立在「我信」，也應在「我見」，透過自己的思想與判斷，才能成為信仰。「我見」與「我信」的兼容並蓄，並行不悖才能建立更圓熟的價值觀與更正確的人生觀。

13 理性 ╳ 感性

　　在網路上看到一則有關左右大腦英文雙關語的短文，深覺有趣：「Your brain has two parts, the left and right; your left brain has nothing right, and your right brain has nothing left」。意譯是「你有左右兩邊大腦，但你的左腦一無是處，你的右腦一無所有」，罵人不留餘地，很像前衛生署楊署長斥責台灣人「理盲濫情」一樣痛快淋漓。

　　神經學家常以二分法將左腦籠統化約為屬於分析的、邏輯的、語言的、計算的、有時間順序功能的；右腦則屬於音樂的、藝術的、創造的、抽象的、空間與印象功能的。但事實上，左右大腦大同小異，且互

動頻繁，太強調「邏輯的左腦」與「情感的右腦」，就像在政治主張上將資本主義劃分為右派，將社會主義歸納為左派的二分法一樣，太過簡化，也不精確。

　　情與理的衝突，是人類最古老至今仍無法迴避的命題。除了左右腦半球的分工與聯結外，人類大腦必須順應內外環境的變化，並在文化教育的指引下，調整欲望，管控情緒，決定行為模式，這關乎大腦額葉新皮質與深層邊緣系統的上下連動。邊緣系統包括海馬體、杏仁核、下視丘、視丘、扣帶腦迴與腦下垂體，是心智與身體的聯結，也是思想與情緒的交會。邊緣系統掌管了記憶情緒，較本能的行動與驅力。人類大腦是長期演化的產物，無論在結構與功能上，都潛藏著生物演化中的痕跡和記憶。而主宰情緒的邊緣系統引發向上的神經訊息流量，遠多於代表理性的大腦皮質向下調控的訊息流量。從這個角度觀之，我們

只是「摩登原始人」或「古早現代人」。心智運作交雜著兩個系統，緩慢的邏輯思考系統，卻建構在一個流量更大、更快速、難以掌控的本能心智上，這也是人類欠缺長程遠見，慎謀能斷的規劃能力，而只是短視近利，隨波逐流的機會主義者；我們仍稱不上是理性的動物，充其量只是善於合理化的動物。

　　而中外歷史文化，也無不在「集體主義」與「個人主義」之間，「理性原則」與「感性原則」之際，衝突起伏，擺盪拉鋸。中國春秋戰國時代，群雄併起，社會動盪，形成了思想的百花齊放，百家爭鳴。「諸子百家」不但是學術的系統流派，也是諸侯的政略智庫。秦朝勵行法治，以兵刑威服天下，漢朝獨尊儒術，以經學治理天下，服膺的都是「理性原則」。魏晉南北朝是針對秦漢「集體主義」的反動，以道家三玄為尚，開啟了中國個人自由主義的先河。唐朝文

化多元但本質是英雄與文學的感性時代，服從的是「生命原則」。宋朝理學闡揚儒家的義理，重視「修己」，又回復到「理性原則」。元明更將「四書」明訂為科舉的官方教材，使儒學走向「官學」之路，重視「治人」更甚於「修己」。清朝外族統治，走向了軍事統治的極權主義。「五四運動」及「文化大革命」皆盲目地反對禮教，徹底摧毀固有文化，將中國從傳統相對的權威主義，帶入絕對的權威主義。

西方文化的源頭是希臘哲學，集大成者是蘇格拉底(Socrates)、柏拉圖(Plato)及亞里斯多德(Aristotle)，主要主張是以理性去探討宇宙或人生的真相，並藉此指引現實生活。而中世紀哲學是由西元二世紀綿延至十五世紀，這個時代政治上是羅馬帝國，宗教上是天主教所主導。而哲學家的勇於思考常受限於政治的保守性格，宗教的僵化教條，逐漸喪失創新的活力，阻

滯了多元、開放及自由的思維，而被後世污名化為
「黑暗時代」。十五世紀的「文藝復興運動」是西方
文明進化史最重要的轉折期，以回歸希臘人文主義為
號召，將歐洲從一個政教封建社會進化為現代文明
社會。透過十六世紀的宗教改革，十七世紀的科學革
命，至十八世紀的啟蒙運動(Enlightenment)，彰顯了
理性的一切潛能，並勇敢的應用於公共事務，催生了
民主政治與公民社會。而興起於德國十九世紀的浪漫
主義(Romanticism)是針對啟蒙運動引起的反動思潮，
主張以豐富的生命整體取代單調的理性分析與概念架
構，並強調個人的獨特性及通過意志的自我創造力
量。

　　啟蒙運動也在日本明治時代被引介至日本，特
別是福澤諭吉的啟蒙思想對日本擺脫江戶幕府的封建
體制，建構全新的價值觀，發揮了主導的力量。然而

「脱亞入歐」，發展為現代化國家的日本，卻以「軍國主義」之姿發動泯滅人性的侵略戰爭，令人難以理解。《菊花與劍》的作者貝內迪克德(Benedict)研究日本獨幟一格的「義理人情」文化，指出義理並非公理，只是一種「不得不履行的義務」，關乎社會的規範，輿論的壓力，名譽的維持，契約的履行，信賴的呼應，情意的回報，是儒家文化與武士道精神的綜合體，無所不在地影響日本人際與社會關係。在義理與人情無法兩全的情況下，日本人常會以義理為先，但義理並非內化的理性，而常是偽裝的道義，也容易演變為虛禮。日本人常在失敗的時候才會反省，在東窗事發後才肯認錯，甚至激烈地以死謝罪，並不是事前「知恥」，而是事後「羞恥」。相對於日本的「義理人情」，以漢人為主體的台灣移民社會縱然在民主開放後，仍是一個「人情義理」的社會，情先於理，理

重於法，人與人之間的關係像是重重的蜘蛛網，架構在應酬及對價的基本概念上，有遠近親疏的分別，也是加減乘除的算術。「人情」兩字，很容易令人聯想到感性層面；但俗語說：「人情似紙，世態炎涼」，說穿了更像是一種隱形的交易，一旦接受了人情，請託了人情，就如同承受無形的債務，也會衍生人情的壓力。政治與商業更毫不避諱的利用人情來控制他人，謀求利益，關心與關說也很難釐清。在人情掛帥的文化裏，政治無法清明，社會難有公義，也就不問可知了。對個人而言，我們用來解決問題的手段，恰恰正是製造問題的根源，接受人情，再來償還人情；製造壓力，再來抒解壓力，使我們成為人情的奴隸，難以脫身。

被批評「理盲濫情」的台灣社會之集體潛意識中，很簡單的把「感性」狹隘為情緒，把「理性」高

舉為智慧，實是天大的誤解。功利導向的「理性」常是「極權」、「征服」與「貪婪」的美白劑；自我中心的「感性」常是「民粹」、「墮落」與「無明」的催生劑。「理性」是嚴謹的辨證推理過程，用於驗證思考及主張的內在正確性，然後再參酌「感性」做出價值的判斷與抉擇，兩者應該相互依存，而非相互對立。每一個人都有其「道理」，但相差何止「道里」計；每一個人都有「感情」，但容易兩極化為「激情」或「無情」，是台灣社會面臨最大的危機。由歷史的軌跡觀之，無論是重視理性集體主義的時代，或是服從感性個人主義的時代，都潛藏著極大的反動危機。「發乎情，止乎禮」，「誠於中，形於外」，感性與理性的平衡，內在與外在一致，只有每一個人都是「通情達理」的公民，才有可能建立一個高度文明的理想社會。

生命・人間 相對論

14　演化 × 創化

　　在古埃及的神話中，人是神呼喚而生；在古希臘的神話中，人是普羅米修斯(Prometheus)創造的；猶太神話中，耶和華創造了亞當與夏娃，開始了人類的繁衍；婆羅門教的典籍《梨俱吠陀》記載世界是因諸神將原人布爾剎(Purusha)分割解體創造出來的；中國古代神話中，盤古開天闢地，女媧用泥土塑造人類，並授以嫁娶之禮，使得人類得以繁衍生息。

　　早期人類所建構種種美麗傳說皆帶有濃郁的民族文化及地域宗教色彩，並沒有科學依據。直至十九世紀達爾文(Darwin)發表了「演化論」，強調「物競天擇」與「自然淘汰」法則，決定了物種族群的演化過

程，也將古代之神話一舉擊破。「演化論」的軸心論點是一切生物皆由無機物逐漸變成有機物，再演變為單細胞生物，並逐漸組合成多細胞生物或個體。在演化的長河中，由於環境、天候及細胞本身因素，使細胞在「用進廢退」的情況下，造就了地球如此多樣性的生物環境與生物品類。

　　遺傳學之父孟德爾(Mendel)神父由豌豆之實驗結果提出了「基因」的概念，強力支持「達爾文學說」。但真正發現遺傳物質DNA是華生(Watson)及柯里克(Crick)，他們於一九五三年發表的論文建立了DNA的雙螺旋結構，並確認其為遺傳物質。現代的科學家更進一步發現DNA及其構成的基因不但主導遺傳變化，也能控制細胞活動。基因的變化是演化的原動力，而演化之痕跡亦記錄於基因體之DNA系列以及它們所編碼的蛋白質之胺基酸系列之中。

人類自詡是「萬物之靈」，的確也幸運的走在演化的最前端，但追根溯源，人類的骨骼是四億年前魚類打下的基礎；四肢則是三億年前兩棲動物時期演化的產物；毛髮、哺乳及維持恆溫能力是一至二億年前哺乳動物時期的遺產；指甲則是數千萬年前靈長類祖先之贈禮。而能進行有氧呼吸的新陳代謝，以及DNA之初構更達溯至二十七億年前原核細胞之細菌時期，細菌也是人類的遠房親戚。

　　我們從遺存於各種生物內DNA演化的痕跡觀之，不僅是同一「界」的生物，而是所有的生物皆是同源同種，都是來自同一祖先。人類的基因體約由三十億個齡基對構成，共約有二萬三千個基因，分布於所有細胞細胞核內的二十三對染色體上。所有人類的「基因距離」皆極為相近，其差異不出0.1%，而同胞兄弟姊妹之差異大約是0.05%。「落地為兄弟，何必骨肉

親」，從基因的角度觀之，亦有其道理。

「比較基因體學」(comparative genomics)的研究，比較人類及其他生物的DNA資訊差異，使DNA系列所賦予的意義更為明確。人類與老鼠的基因系列吻合度是75%，與牛是90%，與最近的親戚黑猩猩更只有1.23%的差異，也就是約只有三萬七千個鹼基對的不同。「人之異於動物幾稀」也可以從基因的角度印證。人類與黑猩猩約在五百萬年前從演化道路上分道揚鑣，各自往不同的方向發展。但卻「差之毫釐，謬以千里」，很神奇地使人類能直立行走，勇敢地走出非洲，遍及全球。現代人的腦重約一千四百公克，是黑猩猩的四倍，使人類有高級的意識及認知功能，也發展出無以倫比的學習和適應能力，開拓了日新月異的科技藝術及文明。

主張「心物二元論」的法國哲學家柏格森

(Bergson)反對達爾文「物競天擇，適者生存」之說。立論於越複雜的機體也將帶來愈大的生存危機，如果演化的目的是生存，應該止於最簡單的有機體。他主張「創化論」，認為宇宙的本體是「生命的衝力」，理性生命為了突破而引發演化不同層次的發展，孕生日新又新的動力。人類本身包含DNA及大腦都是演化的「創作」精品，同時也是「創作者」，具有「創化」的能力，可視之為「生物演化」所衍生的「文化演化」。人類的壽命因近代的醫藥科技發展，公共衛生進步延長了數十年，也因交通的快速與通訊的便捷縮短了地球的距離，促進了基因的交流，密切了文化與貿易的往來。人口的增加、資源的浪費、貧富的懸殊、武器的發展也大大增加人類生存的壓力。人類文明是否「人定勝天」的改變了「天擇」的規則，影響「演化」的宿命，一直眾說紛紜。有人認為現代科技

使演化失去了大部分的作用，也有人認為人類的「衝力」不但未改變「天擇」，更可能因環境的變化與大腦的開發而加速「演化」。

水能載舟亦能覆舟。創化性的「文化演化」若不能正面的提升人性，利濟眾生，反而因盲目的操控，加速「演化」的進程，如遺傳基因的人為操控，掠奪及破壞環境生態的經濟行為，具毀滅性武器如核武、化學製劑及生化武器的發展，都會將人類逼臨萬劫不復的絕境。人類所面臨的可怕危機無疑都是自己造成的。或許我們的智慧、記憶、洞察力及抽象思考能力都拜演化之賜，遠高於其他動物，但我們無疑還是在「演化」中的動物，貪婪、無明、淺薄、衝動、不到黃河心不死、不見棺材不掉淚的近利短視也沒有比其他動物高明多少。有時不禁讓人疑惑，人類毀滅的命運是否早已設定在我們的基因程式中，我們若只

在乎「曾經擁有」的叢林法則，就無法發展出「天長
地久」的永續文明。只有「慈悲」與「智慧」才能進
化人類成為更圓滿的生命，也才能通過「天擇」的考
驗，安身立命，永續發展。

15 物理 ✕ 悟理

　　人類是被決定必然死亡的宿命中誕生，就如同海浪一波一波的湧上沙灘，在歷史的長河中，我們亦是排在一列一列不斷走向死亡的隊伍中。生命自精卵結合的一剎那，就已經開始倒數計時，而隨著細胞的分裂、分化、增殖為六十兆個細胞，人類的小宇宙於焉形成，而結構之精密浩繁，功能之完全周備，雖鬼斧神工亦難以形容於萬一。

　　人生所無言的開始，經過了生、老、病、死的自然生命法則，走向無言的結局。在成長、茁壯的過程中，開始學習與思考，產生了七情六慾，發展了自我意識，成為佛陀所說「天上天下，唯我獨尊」的個

體。從無窮無盡的宇宙觀之，人生只是須臾，生死不過剎那。但宇宙也因具有自我意識的高等生命，逐漸演化的過程中，變得更有「自覺」，有趣的是「自覺」來自意識，而產生意識的腦細胞是由宇宙的基本粒子、原子與分子等物質層次因緣和合而成的特殊結構，而意識是結構所產生的功能現象。意識具有物質性，是宇宙的一部分，人藉著意識觀測宇宙使宇宙成為人類主觀的真實，也將自己融入整個宇宙成為客觀的存在。

就如物質是由原子組成一樣，人也是社會原子，是組成人類社會的最小單元。如果把人類社會當成一個多元物質的複合體，就像是由七十億個原子所組成的機體，分布在地球表面的不同國家，不同種族，不同社會，不同群體。在茫茫的人海中，由於父母結合的因緣，必須父親一生所產之數十億兆精子中的佼

佼者，在對的時間、對的地方，與母親一生中能產中四百至五百萬卵子之一相逢，從一個受精卵「一生無量」，在細胞分裂、分化、增殖、成長的過程中，發展為獨立的個體，其中有父母的孕育、養育、師長的教育、社會的培育、天地的造化與萬物的恩典，每一個人從出生到死亡的過程都是宇宙時空中一場不可思議緣生與緣滅的邂逅，也刻劃出一條獨一無二結構與解構的軌跡。每個人都有獨特的個性與生命歷程，就如同每個原子都有自己獨特的質子、中子數和原子結構，並有獨特的物理和化學性質一樣。正是這些原子的性質，影響並決定物質的性質，而多種物質的性質就決定了整個多元複合體的特性。

演化的走向已匡定人類是一種無法獨立生存的社會動物，也是宇宙間一群孤苦無依的流浪者，為了生存與發展，在渺小的地球上，不得不相互依賴，也不

停的相互折磨。在形成人類社會的過程中，就會有人與人之間的結合與互動，有個人與群體之間利益與分配帶來的矛盾與衝突，有群體與群體之間的聯合與鬥爭，使得社會內部存在著整體或局部的連動與變動，也都關乎人這樣的「社會原子」的結合與互動。

　　自然界的原子由原子核及核外電子所組成，原子核又由一定數量的質子及中子所構成。質量數愈大，質量愈大，原子序數愈大，具有核外電子數目就愈多。而原子的化學性質取決於其最外層軌道之電子數目，當最外層軌道是八個電子填滿的狀態，即是中性的惰性原子，獨如是孤芳自賞，卓爾不群的人，游離於社會、群體之外，是標準的「關公」、「宅女」。當外殼電子愈少，愈容易失去電子，陽離子特性愈強，則像是一個肯付出奉獻，積極主動型人物，適合當管理者。當外殼軌道沒填滿，但已近滿殼時，愈容

易貢獻自己的共價電子軌道，並獲得電子，陰離子屬性就愈強，就如同具良好親和力和團隊精神，可以快速的融入群體和社會的人。如何客觀地認識自己，正確地評價自己，有效地改變自己，往往是最關鍵，也最具挑戰性的命題，就如老子說：「知人者智，自知者明；勝人者力，自勝者強。」

就像重力把地球上所有事物，連同地表、大氣全部束縛在一起，也在所有大小尺度上，把宇宙的結構物拘束在一起，構成行星系統、星系、星系團和超星系團，形成宇宙的秩序一樣，固體物質的每個原子之間也具有一定的束縛能。「生命誠可貴，愛情價更高，若為自由故，兩者皆可拋。」這是詩人的浪漫。絕對的自由在真實的人生，並不存在。人既是社會的原子，必然會受到周邊原子和環境的影響和作用。同時法律制度，社會規範，道德標準，經濟守則都在

約束我們的行為。特別在工業時代以降，科技一日千里，群聚人口驟增，交易行為頻繁，社會承載量不但迅速擴大，且變動激烈，國家和法律維持社會秩序的功能更為重要。在成熟的公民社會中，每一個人事實上都是一個處於束縛狀態的原子，只能在特定的軌道上運轉，不但要有紀律，而且要能自律。

西元一六六五年是科學的奇蹟之年，生物學虎克(Hooke)發現「細胞」，物理學牛頓發現「萬有引力」，都是開天闢地的科學成就。但「虎」、「牛」之間傾軋激烈，關係緊張，主要在對於光學理論的不同。牛頓主張「光粒子說」，虎克主張「波動說」，虎克過世後牛頓獨領風騷。「風馬牛不相及」，直至一百多年後，號稱「狂夫」(Dafty)的馬克斯威爾以精確的數學證實光就是電磁波，為虎克平反，也奠定了光與其他基本粒子皆具「波粒二重性」的性格，真的

是「四生六道一光中，狂夫猶自問彌勒」。光的「波動性」體現在其能夠發生干涉與衍射現象，即振動的傳播；光的「粒子性」則表現在其與物質相互作用時表現出非連續的「光能量子」特性。「波動性」體現了光的「柔性」，「粒子性」體現了光的「剛性」。人的性格其實也兼具「波粒二重性」，「波動性」過強，缺乏原則，「粒子性」過強，缺乏彈性。情理並重，剛柔並濟，在「波粒二重性」中尋求和諧互補的狀態，不能一路當怒目金剛，也不能一昧當慈目菩薩，才不至於寸步難行，一事無成。

與地球其他生命體不同，只有在演化最前端的人類才具有自我觀照的覺知能力與智慧。這是一個從宇宙物理延伸成生命悟理，再從生命悟理認識宇宙實相的過程。開創出宇宙的能量與智慧，也唯有透過覺醒的人類才能直接認識它自己。萬法唯心，悟是反歸吾

心。「吾心似秋月，碧潭清皎潔，何『物』堪比倫，
教我如何說？」

16　人本 × 人文

　　現代天文學顯示地球只是一個資源有限的平凡星球，在浩瀚的宇宙中微不足道；而達爾文的「演化論」與後來的「比較基因體學」也證明「人之異於動物幾稀」，特別是與類人猿極端的近緣關係，對妄大自尊的人類實是一大打擊。但人類畢竟仍非「理性」的動物，而是善於「合理化」的動物，絕對不甘雌伏，不甘示弱。果不其然，二十世紀發展出「人本原理」（Anthropic principle），主張「沒有人類，宇宙便不會受到認知，宇宙具有誕生人類的目的」，三言兩語之間就把人類拉回宇宙的中心。

　　「人本原理」之所以振振有辭，也並非沒有立論

的根基。在第十一章，我們提起能孕育高等生物的星球，有極有嚴苛的條件，而碳基生命(carbon-based life)之所以得以發展，是因為界定世界的物理結構的自然法則具有特定的微調形式。現代人類約於十萬年前於東非啟程，跨越海洋、山脈、沙漠以及地史上海陸分布的變遷，在地球各地爆發性的擴散、繁榮，沒有多樣性分異，維持一種生物學上的物種，完成了生物史上前所未有的壯舉。主因是人類擁有強大學習創新及適應能力的高可塑性大腦，造就了人類文化、科技、醫藥、交通、環境與社會制度的快速變化及發展。生物學家篠原圭三郎認為在這層意義上，人類堪稱是全新型態的生物。工業革命後，從合成食物開始，道具系統變化成機械，能量轉換系統藉由化石燃料的利用加速發展，機械系統與體外能量的利用組合，電子資訊傳播能力的無遠弗屆，不但將立足於陸地的人類圈

擴展到空中、海中、地底，並延伸至外太空。

　　禍兮福所倚、顧盼自雄，不可一世的人類萬萬沒想到，如此天賜因緣，太陽系經四十六億年所護育形成的地球自然環境，以及地球經三十六億年所演化形成的多樣性生態環境，卻也在工業革命後，短短的二百年中，被自稱「萬物之靈」的人類搜刮掠奪，破壞殆盡。《法華經》說：「三界無安，猶如火宅，眾苦充滿，甚可怖畏。」其情節恐將在現實的人間上演。科學家已經證明，自十九世紀末至今，全球的總氣候趨於暖化，也確定持續的暖化與溫室氣體的排放有密切的關係。這段期間，地球的二氧化碳含量由200至280ppm之間，上昇到突破400ppm。

　　人類「人定勝天」的思維，「無法無天」的行為，幾乎已被定讞為「全球暖化」的元凶，而溫室氣體增加的前二名戰犯是二氧化碳及甲烷，主因是化石

燃料的大量燃燒，雨林的過度砍伐及畜牧業的急劇推展。因為地球的每一個人共享著大氣層，「地球暖化」比任何議題更具「全球性」。當水溫升高時，風速會相對增強，暴風中的水分凝結也會隨之提高。自二○○四年來，紛至沓來的暴雨、暴雪、強烈颱風、颶風與熱帶氣旋席捲全球，所至之處，瞬間造成人間煉獄。天氣變成極端，在某些地區反而造成致命的乾旱，引起閃電，促使野火燎原，也造成全球沙漠化日愈嚴重。

　　暖化也會造成冰雪融解，高山冰川逐漸退縮，海平面上升。雖然罪魁禍首是先進國家與上層階級的過度消費，但弔詭的是先由開發中國家及弱勢族群來付出代價，特別是溫室氣體「零產出」的低海拔太平洋小島，卻要面臨即將「滅頂」，生存「零希望」的殘酷事實，真是情何以堪。高山冰河的全面融解，勢

將使40%的世界人口面臨水資源短缺的問題。暖化同樣的也會造成傳染病的失控及蔓延，更會造成生態嚴重的破壞。估計未來數十年，目前生物種類大約有25%會消失，嚴重之後果，難以想像。最可怕的是人口急速增加會引起糧食、水源、能源以及天然資源的需求，也勢將增加資源掠奪，森林、雨林及自然環境的破壞。分配不均、貧富懸殊，加上恃強凌弱的人類劣根性，會促使國際政治動盪不安，戰爭也將無日無之。

「三界如火宅」到「冰火二重唱」以至電影《明天過後》的情節，不但是全球暖化的三部曲，而同時併發的大三災與小三災，也將使宗教「壞劫」、「末日」的預言成真，這樣有如「骨牌」效應的人類大浩劫，就如同「敗血症」的多重器官衰竭一樣面臨喪失生機的大崩盤，一旦越過紅線，即刻萬劫不復。人類

是地球所孕育最高級的生靈，卻也是忘恩負義，毒害地球母親的最大殺手。我們的智慧、記憶、洞察力及抽象思考的能力，都拜演化之賜，遠高於其他動物；但我們無疑還是在演化中的動物，貪婪、無明、淺薄、衝動、不到黃河心不死、不見棺材不掉淚的近利短視，也沒有比其他動物高明多少。正如置身於慢慢滾燙中溫水的青蛙一樣，我們仍然安之如飴，不願面對真相，也不願思考未來。演化的自然法則從來不留情面，不適者自然淘汰，無論是以自殺或他殺的形式。若是人類的大量殞滅，才能恢復地球的生息，大自然的反撲也絕不會手軟，心存僥倖，最後終將死於安樂。人類就像地球這個大家庭最聰明的成員，但窮奢驕逸，揮霍無度，不但性格所決定的命運會遭致報應，驕縱所造成的罪惡，也會拖累整個家族。人類不過是長期演化中，現今主宰生態系生存安危的重要物

種。我們當誤以為「節能減碳」是在救地球，其實是在挽救人類免於滅絕的命運。縱使包含人類本身的全球生態系，因為人類無法停止破壞而遭滅絕，地球就會重啟一個新的生態體系；而人類自以為是的「人本原理」恐怕也會隨之退場。

　　台灣在二十世紀百年氣候的暖化速率是全球平地值的二倍，而二氧化碳排放量年成長率高達110%，高居全世界第一。台灣勇奪這種毫不光彩的「世界冠軍」，已成為國際社會惡質公民的代表。而各種科學證據也明示，台灣氣候正處於巨大的變遷中，我們身處的環境，從水資源、海洋到空氣、水土保持、地層下陷、生態失衡，都面臨空前的挑戰。「惡名昭彰」的台灣已進入「大崩壞」的前夕，若沒有即時醒悟，到了「惡貫滿盈」，必將悔之不及。環保意識的深化，環保教育的提倡，環保行動的落實，自是當務之

急，刻不容緩。

　　證嚴上人憂心忡忡，認為「地球環保」，需先從「心靈環保」做起，已是「來不及」，並非「急不來」；諄諄的以「敬天愛地，戒慎虔誠」，「珍惜物命，少欲知足」的人文精神勉勵弟子，教育信眾，更號召慈濟人「用鼓掌的雙手做環保」，具體投入環保回收及環保教育工作，其所創造的源回收與物命再利用，成果斐然。上人更以大無畏的精神，積極破除迷信、盲信，提倡正信、智信，如「普渡眾生」先須「普殺眾生」；既不慈悲，也不合邏輯。清明、中元、廟會大量焚燒金紙，造成二氧化碳「碳通天地有形外，亦在風雲變幻中」，所引起集中暴雨在科學上已證實是像「小林村滅村悲劇」一樣，地表山體「深層崩塌」的主因。已「入土為安」的先民祖先反而會因為這種「愛之適以害之」的習俗行為而流離失所。

只有人類正確的「心態」才能維持地球「生態」的平衡。也唯有提升「人文」的精神，才能調和地球的「天文」、「地文」、「水文」，保住人類與地球生態「永續發展」的契機。

17　管子 × 孔子

　　管子是法家的創始人，也是偉大的政治家及成功的管理學大師。他在內政上謀劃「通貨積財，富國強兵」之道，進行行政、經濟與政治改革，厚植國力；在外交上推動「尊王攘夷」政策，九會諸候，一匡天下，輔佐齊桓公成為春秋霸主。孔子也推崇：「微管仲，吾其被髮左衽矣。」戰國時代，李悝著《法經》，為中國最古老的法典，並輔佐魏文候變法圖強。商鞅的「任法」，申不害的「用術」，及慎到的「重勢」是法家的三大流派。韓非子截長補短，將「法」、「術」、「勢」結為一體，是法家的集大成者；他的立論成為秦的「官學」，並助秦始皇一統天

下，成為「千古一帝」。

　　孔子是儒家的創始人，也是偉大的思想家與萬世尊崇的「至聖先師」。他編《詩》、《書》，訂《禮》、《樂》，作《春秋》，贊《周易》；而學生將其教育理念，政治思想及生活態度點滴記錄下的《論語》，成為儒家的經典。加上孟子著的《孟子》，曾子著的《大學》，子思著的《中庸》，並稱四書，對後代的教育、文化與政治都產生深遠的影響。孔子更是中國第一位「平民教育家」，率先打破「學在官府」，權貴壟斷教育之局面，首創私人興學之風，提倡「有教無類」、「因材施教」的教育理念。漢武帝採董仲舒「罷黜百家、獨尊儒術」的政策，儒家學說自此獲得政教的「正統」地位。而後世之儒生無不以「格物、致知、正心、誠意、修身、齊家、治國、平天下」為人生最高的追求境界。宋朝宰

相趙普更認為「半部論語治天下」。

　　秦始皇以「焚書坑儒」的激烈手段，試圖運用法治的政權力量來控制思想，統治帝國，結果並不成功。好大喜功的漢武帝以功名利祿來籠絡士人，以經學考究來束縛學者；但其重臣皆是既通儒術又知刑法的人。「儒表法裡」，在「獨尊儒術」包裝的背後，王道與霸道並施，儒術與法術交用，蘿蔔與棍棒齊下，中國歷代之政制皆沿襲於此，多為儒家與法家的混合體制，沒有成色純正的「儒家」或「法家」。從學術的傳承而言，「法家」的韓非子竟是「儒家」荀子的弟子。儒家思想對於「人性」的看法歧異，孟子的「性善」與荀子的「性惡」PK了兩千多年，仍然無解。短短的人類的歷史中，始終在善與惡、愛與恨、義與利之間拔河拉鋸。從「演化論」的觀點，人類的基因潛藏有善根與惡根；從「社會學」的觀點，人與

人之間也有善緣與惡緣，而善惡之走向將決定人類未來的命運。孟子的開發善根與荀子的抑制惡根，可以說目標一致，手段不同，本無對錯。但荀子之立論著重於制度、管理、統御、決策、較偏向於「法家」思維，也就不足為異了。

管子人如其「姓」；對於政府的組織變革，行政重整，效率提升，符合現代的管理理論。而其教育培植人才政策「十年樹木，百年樹人」，仍是萬世不易的教育精神；提倡的「禮義廉恥」更曾是近代所有學校的共同校訓。孔子亦人如其「姓」；「學而時習之，不亦樂乎」，鼓勵為學要如多孔海綿一樣求知若渴，不斷吸收；「溫故知新，舉一反三」也符合現代醫學神經細胞離子孔道的開啟對學習及記憶功能的促進。孔子「克己復禮為仁」、「節用而愛人，使民以時」的政治理念，雖無法見容於當道，但在經濟、社

會及生態皆瀕臨全球崩潰的當代，應是治世良方與普世價值。

　　一千三百年前，武則天為鞏固政權、擢拔人才，擴大了科舉制度。從此漢民族更加重視「名教」，以「科舉」為晉身之階，以「讀書」為登龍之道。士大夫逐漸發展出集體的負面人格，包括爭權奪利、虛詐矯情、文人相輕、同行相嫉、恃強凌弱、恃弱逞強。所謂「風骨」也多的是自閉性的獨善與自衿式的超然，欠缺獨立的思考力和卓越的行動力。反觀西方，從十五世紀的文藝復興、十六世紀的宗教改革、十七世紀的科學革命、十八世紀的啟蒙運動、十九世紀的工業革命，不但將歐洲從政教的封建社會，進化為現代文明社會，培養出具有自信與教養、理性分析能力、藝術鑑賞能力、注重溝通協調能力的成熟公民。但各國也由於國力的增強，形成經濟帝國主義，

在全球殖民競逐。清末民初，在列強的步步進逼下，節節敗退的中國民族自信心徹底瓦解。一九一九年的「五四運動」，中國的知識份子眩迷於西方的民主與科學，並沒有深入其文化核心，法治精神，將孔子當作替罪羔羊，盲目的反對禮教，摧毀固有文化。一九六六年，大陸紅衛兵高唱「革命無罪，造反有理」，掀起腥風血雨的「文化大革命」，提出「破四舊，立四新」，將儒學與傳統的家庭社會倫理視為歷史的糟粕。但曾何幾時，為了迎合「和諧社會」的政略，中國開始重建孔廟，樹立孔子雕像，設置「孔子和平獎」，並在世界各國廣設「孔子學院」。孔子在歷史的洪流中潮起潮落，反映出尊孔倒孔皆視統治的需要，政治的需求。「儒家」與「法家」的分合聚散皆有時代背景的考量。

在今日的台灣，名教不因時代的進步、市場經

濟的興起而衰退，反而因大眾傳播的發達如虎添翼。知名度不但會帶來現實的利益，也帶來發言權與解釋權。高級的「知識份子」，可能也是高段的「姿勢份子」或高明的「滋事份子」。政府廣設大學，大學培養學者，學者又組成政府，這樣的相生共榮關係，使台灣擁有全世界學歷最高的「博士內閣」、「學者政府」。無怪乎台灣從困頓到繁榮對教育的重視與觀念始終如一。早期採取低學費政策與公平的聯考升學制度，實施「九年國教」，同時調整技職體系比例，造就了人力品質的大幅提升，也促進經濟的飛躍成長。而隨著政治解嚴、經濟發展與社會多元，教育也逐漸走向民主、多元開放。一九九四年的「四一〇教改」運動，三萬多名中產階級走向街頭，提出教育鬆綁，暢通升學管道等訴求。教改倡導「全民受教權」、「全民高教化」立意良善，但由於錯置了時空與背

景，錯估了情勢與人性；只有理念，沒有配套、只有政策，沒有共識；註定了失敗的命運。

教改的後遺症包括大學數量的迅速擴張，大量技職院校的升格改制，造成教育經費的稀釋與教學品質的低落，同時也埋下基礎技術消失的隱憂。開放師資培育，現在更以「評鑑」強迫系所退場，少子化的招生不足，流浪教師的大量出現已指日可待，不但是社會成本的虛耗，也勢將造成更大的社會問題。而即將上路的「十二年國教」更充滿著為改革而改革的疑慮。不但目前高中職名額已供過於求，無論是家長、老師、學生「升學主義」及「明星學校」根深蒂固的觀念也沒有改變。更重要的是仍沒有法源、沒有經費預算規劃、沒有明訂分發準則、沒有考試比序辦法，也沒有「免試入學」比率規定，勢將無法化解升學考試壓力，卻會耗費國家巨額財政支出。「明星學校依

舊閃亮，弱勢家庭依舊無言，權貴子女依舊放洋，流浪教師依舊跑路。」似乎是可以預期的結果。

在短短的數年間，台灣迅速地由亞洲四小龍淪落為亞洲最悲情的國家，失業節節上升，薪資日日低落，但弔詭的是全面廣設大學，但在全球化激流的衝擊下，台灣人才庫也面臨枯竭的危機。為什麼號稱「希望工程」的教育在大量製造「失望」？為什麼產學的鴻溝如此的深不見底？值得台灣的「管子們」與「孔子們」深思。二十一世紀是知識經濟腦力時代，教育決定國民素質，人才決定國家的競爭力。先進國家的產業多以產值高的創造性工作為主，機械及人力處理工作為輔。台灣的產業仍以製程量產為主，無論是血汗工廠、茅山道士(毛三到四)都面臨競爭壓力。薪資日益縮水以求生存的市場法則，加上產業外移，忽於轉型，研發創新的相對漠視，都嚴重限縮了

台灣年輕人就業及發展的多元性。而教育界同樣的面臨生存壓力及發展瓶頸，在象牙塔埋首研究的老師們只專注自己的學術領域，不瞭解國際的趨勢及產業的發展，加上學術升等的僵化評比，都使台灣在研發與人才培育上與產業需求嚴重脫鉤。而目前台灣學生憂患意識與學習動機普遍欠缺，更是嚴重隱憂。專業與創新能力的提升，資訊與溝通能力的培養，生活與工作能力的強化應是每一個學校努力的目標。我常常告訴學生，專業能力不夠紮實，就會像趴在玻璃窗上的蒼蠅，縱使景氣大好，前面一片光明，還是飛不出去。若只有專業能力，沒有品德與溝通合作能力，就會像歌手趙傳的名曲：「我是一隻小小小小鳥，再怎麼飛也飛不高，有一天飛上枝頭，也會成為獵人的目標。」畢竟一隻「不上道」的鳥，大家只希望你「上路」，不希望你「上去」。只有兼具專業能力與人文

素養，才能像翱翔天空的蒼鷹，一飛沖天，俯瞰大地，當然還必須裝上導航系統(GPS, global positioning system)，才能飛在正確的軌道上。

在近代的國家中，能將「法家」與「儒家」靈活而有效率運用者，首推新加坡。就像台灣已被認為是「全球暖化」所造成「複合性災難」最高風險的國家一樣，我們也陷入政治，經濟、社會、與媒體連鎖性，複合性的「惡性循環」困境裡。為政者應努力創建國家願景、投資環境、發展機會、公平制度及整合平台。治學者也應致力培養國家棟樑，社會菁英，成熟公民及產業人才，讓台灣早日脫困，並為世界提供典範。

18　天涯 ╳ 比鄰

　　「天涯地角有窮時，只有相思無盡處。」千山隔絕，只能遙寄相思千里月。「海上生明月，天涯共此時。」雖千水煙波，共存於不同空間，相同時間，至少可以「但願人長久，千里共嬋娟。」「天涯若比鄰」更是中國人精神意識阿Q式的最高境界，咫尺天涯，一句話就讓時空瞬間沒有距離。更難以想像的是現代網際網路爆發式的飛躍成長，特別是穿越時空的遠距視訊，社群網路「臉書」(Facebook)和微型部落格「推特」(Twitter)，召之即來，揮之即去，都能使「天涯若比鄰」的天方夜譚美夢成真。但弔詭的是居住在都市叢林公寓大廈人們的人際關係卻是反其道

的「比鄰若天涯」；存在著嚴重「近鄰不如遠親」，「相見不如不見」的疏離感與防衛心。現代人生活複雜、步調快速、朝五晚九、晝出夜伏，家裡有如旅店，鄰居視為陌路，不是「相逢何必曾相識」，就是「縱使相逢亦不識」，更遑論「敦親睦鄰」、「守望相助」了。

「物極必反」，武俠小說《蜀山劍俠傳》描述到達了「極地」，善與惡，正與邪，不但都在一念之間，更在一線之間。已故棒協理事長謝國城的一句經典名言：「全壘打的隔壁是接殺。」膾炙人口。全壘打其實是安打的延伸，刻意追求，反而常因揮棒過猛被三振，或在全壘打牆邊被接殺。全壘打成為「英雄」，被接殺成為「狗熊」，只是一牆之隔而已。人生的道理亦復如是，「隔壁哲學」可以引申到頂峯的隔壁是懸崖，天堂的隔壁是地獄，正義的隔壁

是爭議，權威的隔壁是威權，權力的隔壁是腐化，油水的隔壁是滑倒，白拿的隔壁是昂貴，神聖的隔壁是荒謬，光鮮的隔壁是憂鬱，聚焦的隔壁是透明，自信的隔壁是自大，自尊的隔壁是自卑，先驅的隔壁是先烈，革命的隔壁是造反，成功的隔壁是成仁，成王的隔壁是成寇，超然的隔壁是鄉愿，勇氣的隔壁是莽撞，果決的隔壁是武斷，競爭的隔壁是鬥爭，創業的隔壁是造業，消費的隔壁是浪費，極樂的隔壁是極悲，陶醉的隔壁是麻醉，藥品的隔壁是毒品，美麗的隔壁是哀愁，風流的隔壁是下流，自由的隔壁是自律，民主的隔壁是民粹。在追求極致時，常常要想到隔壁是什麼？差之毫釐、謬之千里、一線之差、既微且險，挑戰偏峰常樂極生悲，得不償失。「諸德如盲，智慧為導。」美德如無智慧為其耳目，很容易盲衝瞎撞，趨於邪路而不自知。

世路步步危機，人心處處迷惘，古今中外的歷史時空中，不停的在上演善惡莫辨、正邪不分、情色相纏、愛恨難離的人間劇碼。法政界的翹楚有多少被權力腐化，為名利套牢；飛上權位的頂峰，却可以從總統府進駐土城，從青瓦台跳下懸崖。企業界的領袖有多少身陷內線交易，官商勾結的風暴而身陷囹圄，或遠走他鄉。教育界的精英有多少營私造假，護航圖利而斯文掃地，身敗名裂。從軍報國的熱血青年有多少在慘烈的政治鬥爭下，階級絕對服從的制度中，以幫派式的紀律凌駕國家的法律，變得冷血與嗜血。醫學系的高材生有多少在名聞利養的誘惑下，迅速的變質沈淪，喪失了「志為人醫」的本懷初心。萬眾矚目的棒球英雄有多少在喝彩中迷失，禁不起威脅利誘，簽賭打假球而自斷前程。粉絲追逐的偶像明星，有多少縱情聲色或毒海滅頂，無法自拔。更不用說有多少青

少年，無法控制欲望與情緒，爭強鬥勝，鋌而走險，偷搶擄掠，作奸犯科，一失足成千古恨，待回首已百年身。就如同弘一大師的開示：「執象而求，咫尺千里。」

　　在知識多元的時代，專業是現代人安身立命，進而經世致用的根本，不但要追求徹底的品質，更要與時俱進，培養主動學習與終身學習的能力。但教育的目的不僅在傳授知識技能，更重要的是培養獨立思考與分辨是非的能力。青年人血氣方剛、心性不定，是一個充滿陷阱的時期，一旦誤入歧途，也更將難以自拔。而立業之後，更常陷入專業迷失。經濟人缺乏溫暖的心，只知剝削掠奪，將成為「肥貓」式的經濟動物；法律人缺乏正義的劍、顛倒黑白、昧於是非、屈從權貴，將成為法律黑幫；社會人缺乏冷靜的腦，只知盲從與從盲，無法獨立判斷、客觀公正，

將成為社會盲流；科技人缺乏倫理道德、應用專業謀求利益、遺害人間，將成為科技怪人；文化人缺乏群眾認知、孤芳自賞、貢高我慢，將成為文化孤鳥；醫療人缺乏人文素養，重視「病」甚於「人」、自己的「income」甚於病人的「outcome」、自己的「生活品質」甚於病人的「生命品質」，將成為醫療買辦；媒體人缺乏自律精神，只會煽風點火、掀風作浪，將成為媒體流氓；流氓不可怕，就怕流氓有文化。

　　「專業」既是專精深入，難以被取代的學問，更須重視專業倫理，團隊精神與社會責任。愛因斯坦說：「沒有道德，專家只是一隻訓練有素的狗。」不是「專家志業」而是「專門造業」；也容易陷於偏執，遠離宏高，形成個群的利益，缺乏整體的文化思維，忽視社會的公平正義，造成專業內與專業間的鬥爭，階層內及階層間的衝突。早期的台灣社會，黑道

怕警察，警察怕民代，民代怕黑道的相剋關係很清楚。當時「白道」與「黑道」是用來界定上下階層社會，涇渭分明。「成龍成鳳」的白道是社會的雲端，「刺龍刺鳳」的黑道是社會的末流。黑道份子自然不甘被「抹黑」，都自稱如《水滸傳》一〇八條好漢的「兄弟」，在梁山泊集結只為「替天行道」。梁山泊宋江積極爭取「招安」、「外靠」朝廷，雖然建功立業，但終被「政治」殲滅，證明「白道」比「黑道」更可怕。在政治解嚴、經濟開放的時代，黑道更加的高明，不但積極與企業、政治結合成為「黑金」金三角，更「內化」為民代、企業家，完全「漂白」。黑白不分、黑白無常，今日的「黑道」與「白道」也可以說是「天涯若比鄰」了。固然「純黑道」的草莽、圍事、白目、黑心、黑貨、魚肉鄉梓，令人厭惡；但黑白合體「黑金」的草率、喬事、白賊、黑箱、黑官

對國家社會的危害，恐更為強烈。

　　同學常問我：「在大學最重要的是學什麼？」，我會告訴他們：「在大學學做大人」。「轉大人」不只是「生理的成熟」，更在於「生命的圓熟」。國家對屆齡的成人有三大認證：一是男生有當兵的義務，當兵本要保家衛國，如今卻先要保護自己，軍中如私設刑堂，清理門戶，行徑更甚黑道。二是有投票的權利，神聖的一票本來要投出國家的希望，卻常常要面臨跳票的失望。三是可以合法結婚，但現在年青人未婚的多在同居，結婚的多在分居。在在都顯示今日台灣是由許多不圓熟的人所組成的不成熟的社會。要成為優質的公民首先要懂得感恩，我們能順利幸福的成長要感恩天地的造化、父母的生養、老師的教導及社會的護持。其次要培養能承擔的能力、肯擔當的勇氣，成為國家社會的中堅。更重要的是通達，不但要

有通達的知識，更是一個通情達理的「大人」。哲學家齊克果(Kierkegaard)說：「生命只能從回顧中領悟，但必須在前瞻中展開」。在人生的道路上，要大膽抉擇，小心評估；大膽假設，小心求証。《無量義經》云：「曉了分別，性相真實；有無長短，明現顯白。」強調智慧所孕育的理性、慈悲、信念與和平，可以協助我們在險惡的人生道上趨吉避凶，履險如夷，進而得以發揮功能，展現良能。

19　無毒 × 有我

　　台灣食品安全的守護神林杰樑教授驟然辭世，全民震驚、不捨也有更多的憂心。幾年前我們還在嘲諷大陸毒奶粉與黑心食品；驀然回首，卻發現台灣也是一個不折不扣的「毒島」，如假包換的「毒物共和國」。在「毒你千遍也不厭倦」的社會環境裡，無論是毒奶粉、瘦肉精、塑化劑、毒澱粉、重金屬、殺蟲劑、地下藥品、工業廢料及工業肥料的各種事件，林教授無役不與，「雖千萬人，吾往矣」，是捍衛民眾健康的「巨樑」，也是社會良心的「脊樑」。

　　最早對「毒」的註解，出自東漢許慎的《說文解字》：「毒，厚也；害人之草，往往而生。」指的

是由毒草提鍊出來的物質。目前全球二十多萬種植物中，有數千種證實含有對人類有害之毒素。我們以人類的角度稱之為「毒」，卻是「守之不動」，無法逃之夭夭的植物在演化的軍備競賽中，對抗掠食者的化學武器。對於自然毒素的侵襲，人體長期演化也發展出因應之道，例如胃酸、消化酵素、肝臟酵素、免疫系統等的解毒功能。但對於現代人造的新型毒素如DDT、多氯聯苯、有機汞等，人體幾無防禦機制；對可能誘導有機體突變或致癌的毒素，如尼古丁、戴奧辛、放射性物質等，我們一樣束手無策。科技越發達，市場越競爭，爭取時效與壓低成本成為決勝的關鍵。各種化學合成的食品添加物、果香添加劑、毒澱粉、基改黃豆、致癌的調味醬油等幾乎無所不在。便利超商、各式餐廳及滿街手搖飲料店是現代廣大上班族及外食族充饑解渴的地方，而用過即丟的餐盒、筷

子、杯子等都可能使用過甲苯及漂白劑。「回家吃自己」與「不方便法門」，才是現代的保身延壽之道。

　　沒有氧氣，很難活過五分鐘，但氧氣其實也是有毒物質。地球上的氧氣大約從二十億年前逐漸增加，而直到五億年前才達到今日占空氣比率的20%。人類在演化的過程中，獲得了化解氧氣毒性的機制，並借力使力地利用氧氣這種毒物取得了物競天擇領先的地位。有毒的氧稱為活性氧，包括超氧化物與自由基，而這些物質會與體內的蛋白質和DNA發生反應使其損傷，不但容易導致癌症，也是人體老化的原因之一。為了防止活性氧對DNA造成損傷，可以靠抗氧化物來消除活性氧。代表性的抗氧化物包括維他命A、C、E，類黃酮、茄紅素、胡蘿蔔素及超氧化物歧化酶等。

　　五十年來，地球的人口驟增二倍，全球食物及淡水的消耗增加三倍，化石燃料的消耗量增加四倍，

而肉類的消耗量更激增五倍。為了肉品的大量供應，避免動物罹病及將脂肪轉化為肌肉，很多肉類都可能含有類固醇、睪固酮、黃體素、安巴素、瘦肉精、抗生素以及生長激素。沉溺於肉類也易引起心臟血管疾病、糖尿病、痛風、代謝症候群，甚至發生率直線飆高的腸癌，可以說是「致命的吸引力」。肉類供應的能量效率只有飼料的七分之一，而畜牧場與養雞場所需要的穀物飼料超過了地球農地總生產量的二倍，更會消耗大量的水及產生溫室氣體的甲烷。偏重肉類的飲食方式不僅不健康、不經濟、不環保、也不道德。多食用在地生產的蔬果、穀類和植物類產品是較為健康的飲食，也可以促使全世界具有經濟價值的農地得到充分的利用，以滿足全人類家族的需求。

菸和酒是合法的毒品。尼古丁會導致心臟血管疾病、腦血管疾病、阻塞性肺疾病，更是包括肺癌及

許多癌症的致病因子。尼古丁成癮戒斷很難，二手煙更會遺害他人，是一種社會公害。在大陸汶川地震的義診時，看到到處有人吞雲吐霧並隨地吐痰。大陸官員問我有何對策，我告訴他二個建議，其一是從預防醫學角度，必須用法律禁絕在公共場所的「人煙稠密」，第二是從公共衛生的角度，必須用教育來改正「不吐不快」的個人習慣。

　　台大創傷醫學部曾御慈醫師是我在慈大醫學系的導生，是一個嚴以律己如秋風，寬以待人如春風的優質學生。但很不幸，瞬間就被「酒駕」奪去寶貴的生命及畢其一生努力所蓄積的功能和良能。肇事者縱使能逃過身體有形的牢獄，也難逃一生心靈煎熬無形的牢獄。台灣一年約有五百名「酒駕」的罹難者，家庭也因此破碎，「酒駕」已凌駕「久駕」，是另一種社會病根。「李白斗酒詩百篇，長安市上酒家眠。」

酒醉詩成，席地而眠，是李白的才氣，也是李白的美德，至少沒有「酒駕」。「莫使金樽空對月」的李白是怎麼死的，無從考證。後人的兩種說法讓他死的很「浪漫」，很「李白」。一說是在水中撈月「溺死」的，一說是詩寫(失血)太多「撞死」的，兩種說法都影射其實是「醉死」的。酒精會損胃、傷肝、斷腸、亂性、致癌、意外，難以「自拔」，無法「戒斷」都還算是咎由自取。但因喪失定向力，減少反應力的致人於死，就不僅是社會公害，也是人民公敵了。

　　毒品氾濫與藥物濫用已經是席捲全球的問題，成為全球化的精神刺激革命(psychoactive revolution)。在台灣，它同樣無孔不入、無處不在、黑白不分、大小通吃、上下其手，無論老少的侵蝕社會每個角落、每個階層。根據法務部統計，台灣的六萬受刑人中，竟有接近一半是煙毒直接或相關的個案。在充滿比較、

計較、苦悶、迷惘、孤獨、不安的社會中，以精神刺激藥物尋求短暫的快樂與解放來逃避現實，往往是接觸毒品的契機；五光十色、目搖神眩的場合，例如夜店狂歡、春吶搖滾也是毒品乘虛而入的溫床；有組織的犯罪集團於學校吸收藥頭，將各種毒品混入即溶咖啡、奶茶包、啤酒等，更造成推波助瀾的效應。涉毒不但會造成個人的殘害，也會造成家庭的破碎、治安的惡化與愛滋的蔓延。意志薄弱、心理空虛的人，往往無法抗拒誘惑而加速沈淪。隨著製藥工業的進步，更強烈且更難檢測的藥物會接踵出現，誘惑的力量也會節節升高。誠如宋儒程頤所說：「誘惑如毒藥，使人失去自我，害人害己，一念之欲不能制，禍流於滔天。」

「成癮」的神經機制有幾條迴路，而其中關係最大無疑是報償迴路（又稱快樂迴路）。毒癮的產生與這

條廻路位於中腦邊緣系統(mesolimbic system)的腹側背蓋區(ventral tegmental area)與伏隔核(nucleus accumbens)的多巴胺(dopamine)大量釋放有關，能傳達至前額葉皮質區(prefrontal cortex)，並強迫海馬廻(hippocampus)記憶形成。基本上無論是讓人類存活或延續的食色性也，或者所有會讓人成癮的事物，如酒精、尼古丁、咖啡因，甚至電玩、網路、賭博、購物，高風險的冒險生活都能提升報償中心伏隔核的多巴胺濃度，但只有毒品會造成多巴胺濃度一飛沖天，而且會改變受體(receptors)，使它們變得越來越不敏感，而造成積重難返的耐藥性(tolerance)與成癮性(addiction)，一旦戒斷會產生嚴重的焦慮不安，而長期使用則會萬劫不復，對於脆弱的大腦造成無可彌補的損害以及身體無法回復的摧殘，甚至突然暴斃。

一旦毒品上癮，除非有極大的毅力與勇氣，並

有家庭與社會的支持系統，戒毒是難上加難的事。據統計在台灣戒毒成功的案例可能不超過10%，戒毒團體「晨曦會」等盡心盡力的投入，成功的案例也不過20%。從醫學的角度，毒海無邊，回首是「暗」，一旦涉毒，便如同墮入絕症的萬丈深淵。每當有煙毒個案被報導時，證嚴上人總是語重心長的提醒慈濟人，非採取對立的方式面對或排斥，而要以戒慎虔敬的心做好輔導與膚慰的工作。女監秘書劉昕蓉以前總是怨嘆當「獄卒」真「鬱卒」，沒有犯罪却每天需至監獄面對她當時心目中的「人渣」。接受上人的開示教誨後，她心念一轉，認為沒有犯罪也能每天到監獄真是幸福。而用心輔導及協助，不但改變受刑人的人生，更改變自己的人生。

今日台灣已邁入少子化、高齡化「不生不滅」的時代，若我們的下一代不能成為「勇於承擔」的時

代青年，而是「成為負擔」的毒蟲敗類來迎接二十一世紀嚴苛的挑戰，不由得我們會不寒而慄。吸毒是一種最嚴重的社會瘟疫，它不全然是醫學問題或法律問題，更是根本的教育問題。在台大蕭水銀教授的鼓勵下，慈大與慈濟教聯會於二〇〇九年開始「無毒有我」的教育宣導活動。我告訴老師們，毒品問題錯綜複雜，檢警追緝如同「夸父追日」，法官判刑如同「吳剛伐木」，醫療介入如同「玉兔搗藥」，財政投入如同「精衛填海」，結果都證明成效不彰。現在應是「仲尼走路」（Johnnie walker），教育界要發揮「有教無類」的教育精神，「破迷啟悟」的教育使命，為反毒教育，落實完整的反毒體系，善盡自已教育責任的時候了。

感恩產、官、學密切的合作及相互支持，慈濟教聯會老師全力投入，從種子老師培訓，教材研習、教

案制作，學校及社區教育宣導，大愛台二部反毒影片及本尊的現身說法，慈大反毒教育服務學習模式的海內外推廣，四年來已舉辦超過五千場活動，直接參與活動人數超過六十萬人，而這樣的數字還在日日更新之中。在這場永無休止的反毒戰役中，我們沒有悲觀的權利，也沒有放棄的本錢，只有持續善的共振、加速愛的循環，我們才會有美好的明天。

20　人球 × 人囚

　　幾年前，台灣發生了一件震驚社會的醫療事件。邱小妹從「家暴肉球」，發展成為「醫療人球」，再演變為攻防激烈的「政治皮球」；劇情一波三折，令人嘆為觀止。但在兩位醫師被畫押定罪，成為「醫德」大旗的祭品後，逐漸的塵埃落定，水過無痕。在健保局實施「總額預算制」時，醫療院所為搶佔大餅，不約而同的開始「衝量」；住院病人成為提高業績的「人囚」；醫師也淪為「公關」，必須頻頻亮相媒體以廣徠病患。而當健保局反向操作，實施「卓越計畫」，醫院也見招拆招，條件反射式的開始「沖量」；頓時病患成為大家避之唯恐不及的「人球」；

醫師也適時轉換角色，成為關起門來，運籌帷幄，轉床於千里之外的「關公」。

一般而言，只有在政治戒嚴的國家，才會因為國際壓力或國內情勢的種種考量，將異議份子判為「人囚」，或逐為「人球」。在號稱「醫療烏托邦」，「健保模範生」的台灣，醫療機構怎麼會因外在政策的改變與內在利益的考量，一夕之間機動彈性的訂出「人囚」或「人球」完全背反的政策呢？在政府一統天下，一家作莊的掌控下，肩負著全民健康重責大任的醫療體系已經病的不輕，最可怕是的缺乏病識（insight），且諱疾忌醫，至少已呈現盤根錯節的病因形成的三大沖剋之亂脈，如不能善加調伏，恐難以起死回生。

第一條亂脈是健保營運邏輯與醫院營利邏輯的沖剋。政府以經濟手段來達成政治目的，以社會福利

的定位來經營健保，以政黨利益的考量，不敢大幅提高保費，就必須層層管控以避免財務崩盤，實是不得不然。藉著事後核付，同儕制約或總額折付的治標手段，大量管控給付以凸顯其致力於杜絕浪費。而醫院為了生存發展，以追求利益為導向，否則將無法改善醫療設備，聘請優良醫師及促進研究發展，必然會在「市場機制」，「評鑑賽制」下被淘汰，其營利邏輯亦是勢所必然，理所必至，並非個人意志或道德要求所能轉移。在政府無法落實疾病預防及健康促進以降低醫療需求；無法改善民眾「一卡在手，橫行無阻」的心態造成醫療大量浪費；無法制約醫師「供給創造需求」，營造診治「假性需求」的情況下，醫療品質的大幅滑落，實是難以避免。甚至有些醫院完全取消醫師之底薪，以「服務計酬制」(Physician fee)的資本主義精神來支付醫師報酬；不但會造成醫師的不安定

感，並嚴重助長創造產值及惡性競爭。醫療專業邏輯只能在兩造的夾擊下，節節敗退。

第二條亂脈是醫療正義與醫療爭議的沖剋。生老病死如同時序的春夏秋冬一樣是自然法則。而疾病的成因非常複雜，有的固然是意外發生，但更多的是由先天因素，後天的生活習慣和環境因素交錯而成。醫師不可能治好所有的病，挽救所有的生命，但必須以真誠關懷的心，全力以赴，減緩病人的痛苦，膚慰病人的心靈，才能善盡醫師的本分，也即是「醫療正義」。醫療人員與家屬站在同一條船上，理應同舟共濟，互相感恩。而「醫療爭議」的發生，也許有少數是真正的醫療疏忽；但更多的是病情變化難以掌握，醫療效果及其衍生的副作用常有不可預測性；但也可能是醫病溝通不良所致。醫療人員必須有同理心，讓病患及家屬參與醫療過程，坦白說明與真誠溝通，都

可以減少醫療事件的發生。

　　更有甚者，今日台灣已是十足飛揚浮躁的社會，到處充滿了危機和殺機。政治狂熱、縱情狂歡、暴力施虐、飆車吸毒、暴食酗酒，所造成的身心傷害，不但透過健保由全民來買單，對於日以繼夜，堅守崗位卻動輒得咎的醫護人員更是情何以堪。假如高漲的人權缺乏足夠的理性，在媒體、黑道的推波助瀾下，常使醫療責任無限上綱。從憲法到民法、刑法以及各式醫療、衛生、福利的法規衝擊傳統的醫學倫理，也使醫病的關係更加複雜。台灣是唯一以「刑法」來伺候「大夫」的國度，由於許多年輕法官缺乏社會歷練，也無法瞭解醫療的侷限性與複雜性，主觀的判決使台灣的醫師定罪率高居世界第一。曠日彌久的司法過程與內外壓力，使許多有「良心」的醫師逐漸「心涼」，成為醫療的「漸凍人」，也使許多「傑出」的

醫師選擇「淡出」，成為醫療的「邊緣人」，這絕非全民之福。而醫師為了自我保護，常常採取「防禦性醫療」，表面上減少糾紛，而實際上對病患貽害更深。醫病缺乏互信，醫師無法專業自主，維護醫療正義，將使醫病共蒙其害。

　　第三條亂脈是醫學教育與醫學交易的沖剋。傳統的醫學教育猶如三節棍般，無法一體成形，被分為三個階段。前二年是醫師預科普通科目、通識及人文課程；三、四年是基礎醫學教育；五至七年是包含見、實習的臨床醫學教育。然而只被視為「營養學分」，沒有奉獻服務相關內涵的預科教育猶如人文學院；沒有臨床相關印證的基礎醫學教育猶如生科學院；而營利導向，沒有深刻的臨床倫理及專業精神，也缺乏醫療典範的臨床教育，如同財金學院，只是學習「醫學交易」而非「醫學教育」。功利與利己主義的盛行，

使醫學生失去對人的關懷；科技儀器的進步，造成新一代的醫師淪為科技的奴隸，喪失了觀察、問診、臨床診療的基本功與思辨分析的能力；忽視人文與倫理的相關素養，造成人際關係的疏離與緊張，使醫師關心「病」重於「人」，也易衍生醫療糾紛。

醫學教育先進們痛感於此，很努力希望透過「醫學教育評鑑」來改革醫學教育。各個醫學院也努力在教學架構與課程設計上，更重視醫師價值觀的建立，養成主動學習、終身學習的態度，加強邏輯思考及臨床技能的訓練，提升人文素養與溝通合作的能力，希望新世代的醫師能適當應用科技而不受制於科技，重建診療信心，再建醫病關係。在醫學系的「授袍典禮」及護理系的「加冠典禮」，也都能如雷貫耳聽見效法「醫學之父」希波克拉提斯(Hippocrateus)的「人本醫療，尊重生命」理念，追隨「護理之母」南丁格

爾(Nightingale)的「燃燒自己，照亮別人」精神的莊嚴誓言，更震撼於這些準醫師，準護師臉上洋溢的聖潔光輝。但令人沮喪的是這些醫護學生進入職場以後，以很快的「半衰期」，從「理想主義」變成「現實主義」，再變成「生存主義」、「機會主義」、甚至「虛無主義」。醫學系「五大皆空」，護理系「人才流失」不但是最嚴重的社會問題，也是最深刻的教育挫敗。

目前台灣的醫療生態陷在層層各有盤算的「醫學交易」氛圍中，非常的複雜和詭異。想要單靠醫學課程與醫學教育的改革，就能培養良醫良護，進而創造出良好的醫療環境，恐怕是倒果為因，掩耳盜鈴的自欺欺人之談罷了。醫療人員面對排山倒海的醫療知識，日新月異的診療科技，由上而下的業績壓力，無限上綱的醫療責任及紛至沓來的各種評鑑，精力被耗

盡，時間被排擠，醫療照顧的去人性化，與醫療科技的極大化，也自然不問可知了。

　　我常與同仁分享，現在醫療人員必須具備三大認知與能力。首先我們面對的是「不生不滅」的時代。「少子化」造成婦、兒科病患人數銳減，專科醫師大幅縮水；「老年化」使疾病成為慢性，複雜多變，癌症居高不下，造成內、外、骨科照護及診療上的困難。但醫療給付不符「對價關係」，嚴重偏低，所以必須有「富貴不能淫」的精神。其次是面對「無法無天」的時代。台灣醫師每三個月就有一人被判刑定罪；守護生命第一線急診醫師有九成曾遭受病患或其家屬暴力威脅或侵害。「人非聖賢，孰能無過」，包括法官也常有爭議判決，但醫療結果只要不符人意，醫療人員動輒受到黑、白二道交相壓迫，所以必須有「威武不能屈」的氣節。三是面對「有板有眼」的時

代。衛生署祭出兩面手法，兩手策略；以「健保局」管控醫療支出，以「醫策會」維護醫療品質。「有眼」的評鑑項目，種類繁多；與給付掛鉤的「有板」更讓醫院不敢造次，只能全力配合；所以更必須有「評鑑不能移」的決心。

台灣醫療的「美麗」外表下，潛藏太多的「哀愁」。美麗只能讓別人有眼福，不一定給自己帶來幸福。台灣的健保僅佔GDP的6%，卻能照顧到98%的國民，並能維持一定的醫療水平，實屬不易。但市場機制及齊頭式平等的設計衍生了許多問題；是否提高保費及如何合理分配的多方爭議下，也使健保體制與體質產生結構性的腐蝕與崩壞。健保的改革宜重新檢視定位問題，也須設計出兼顧社會正義與醫療專業精神的體制，將醫療市場與醫療行為導向良性競爭的軌道。民眾若能「心寬念純」、「少欲知足」，照顧好

自己身心健康，並能「甘於吃虧」、「樂於吃虧」，
減少醫療資源的浪費，才是真正「兩全其美」、「善
莫大焉」。一個能永續經營的健保是保障全民健康的
基石；它的良窳反映了台灣醫學教育、醫學倫理、醫
學人文，政府管理效能，機構社會責任與全體公民素
養，既是「共享」，也是「共業」。而在目前各方立
場利益不同，又缺乏互信所形成的「難局」、「僵
局」；政府有責任召開單一議題的「國是會議」，讓
媒體聚焦，讓問題彰顯，開誠佈公，凝聚共識，共同
解決問題，一起承擔責任，以確保能提高品質，人性
化的醫療為目標，才是國家之幸，全民之福。

21　簡單 × 複雜

　　宇宙的起始是極其「簡單」但無比「巨大」的真空潛能，經過了電漿(plasma)狀態的「混沌」(chaos)，於三十八萬年後形成原子，再逐漸發展成非常「複雜」，但「有序」的宇宙(cosmos)。宇宙永遠比我們最富創意的宇宙想像更富創意。近代物理學家致力透析原子及其組成的基本粒子，也瞭解微觀物理世界的行動是非決定性，也難以測定；更努力探究原子間的相互作用。原子根據其種類，群聚與組合，決定出不同的固有特性及化學性質，例如固體或液體，導電的金屬或不導電的橡膠陶瓷，半導體或超導體、液晶或磁性物質。比原子和分子本身更重要的是其組織方式與

排列模式，譬如二極體，電晶體甚至積體電路都是組合多種半導體而成的。原本一群個體本身都很簡單，但彼此相互作用及影響後，就變得更加複雜而無法預測。

達爾文「演化論」的軸心論點是一切生物皆由簡趨繁，由無機物逐漸演變為有機物，再演變為單細胞生物，並逐漸組成多細胞生物。目前在地球生存的物種估計約三千萬種，如以細胞的結構來分類，可分為原核生物與真核生物。像細菌、藍綠藻等的原核生物是由一個原核細胞所構成的單細胞生物；而像真菌、植物、動物等真核生物是具有細胞核的真核細胞，大量聚集而成。真核生物的遺傳DNA製造蛋白質的程序及構成細胞的胞器(organelle)都遠比原核生物更為複雜。多細胞生物體是一個組織嚴密、分工精細，而相互間合縱連橫，互動制衡的「細胞大社會」。譬如人

體是由兩百多種不同形態和功能，總數約六十兆個細胞所組成。這麼龐大的細胞運作出不可思議的功能，追根溯源是從一個簡單的「全能幹細胞」受精卵複製、分裂、分化而來。細胞的分裂和分化無疑是生命最偉大的奧秘，從「一生無量」到「無量一生」。而生命傳承的過程又由男女精卵的結合，回歸為一，代代相傳，輾轉乃至無盡量。

人類之所以能成為「萬物之靈」，是因為擁有遠超本能性功能更高級精神功能的大腦，是「演化」賜於人類最偉大的資產。大腦不但是我們的「頭頂上司」，也是身體的「中央政府」，結構比宇宙還複雜，其成長軌跡更是一個驚奇之旅。新生兒在懷胎十月後誕生，腦重是四百公克，而使神經傳導加速的神經軸突「髓鞘化」僅至腦幹部，因此新生兒僅具基本生存能力。一歲時腦重達到三倍的一千二百公克，然

後逐漸緩慢成長至成人的一千四百公克，可以說70%的腦部是在離開母親的子宮後，因應環境變化及透過經驗和學習發展而成。早期童年的感官刺激與生活經驗不只是創造一個學習與發展的環境，更直接影響大腦的連線方式。出生時腦部已具足一千億個神經細胞(neuron)，並有十至二十倍稱為神經膠細胞(glia)的支持細胞，而神經細胞間已有五十兆個突觸(synapse)的聯結網路。經驗和學習逐漸促進突觸的建立和連繫，三歲時可高達有一千兆個突觸。兒童虐待或疏忽，會造成永久創傷記憶，並深遠的影響日後的性格和行為。

　　三至十歲是兒童知性、生理、情緒、社會化發展最快速的時期，腦部的活動是成人的二倍。十一歲時突觸用進廢退，不用者遭到刪除，反覆使用者成為永久聯結。而維持注意力的網狀結構到青春期才完成「髓鞘化」。前額葉是人腦最進化的區塊，大約占

全體腦皮質的40％，與計畫、判斷、先見、組織、邏輯思考與情緒控制有關，一直到成年才完成「髓鞘化」。一般而言，大腦功能到成年才定型，但非常個別化，各有主見。這也是為什麼天體的運行，化學的反應，甚至心跳的電性模式都能夠推測，但人類反覆無常的思想行為，難以捉摸的愛恨情仇皆無從掌控。人常做出使人類社會無法理解之行為，有時只為了證明人類社會是無法預測的。人縱使置身於淨土天堂，仍千萬百計的想推翻它、顛覆它，只是為了證明自己的能力與特立獨行。

　　人類演化的方向註定同宿同樓，沒有一個人能獨立生存於世界，只能相互依存，也不停的相互爭奪。欲望與恐懼是人類生存的原罪，而所有的努力常是為了取得生存的優勢或個體的利益。但無法填滿的欲望與需求，會導致貪婪與無明；無法管控的恐懼與焦慮

會形成顛倒與妄想。自我意識具有自衛的本能，也有政客的本質，我們常無所不用其極的在增強自我，使自我陷入更複雜的生活型態。盲目的追求名利與權力，只有自由、沒有自律反而使自己陷入精神與心靈的牢獄。一個人為了心理的生存，常不惜選擇退化，甚至殺死身體；日本這樣先進文明的國家，每年自殺人數超過三萬人，是交通事故死亡的三倍。而根據衛生署統計，台灣的「憂鬱」人口直逼10%，超過二百萬人充斥著幽暗的心靈。雖然精神疾病有其致病基因，但罹病率與自殺率的激增顯然與社會環境與文化因素有關，扣下最後扳機的無疑是情緒壓力。單純的心念與簡樸的生活才是管控情緒，抒解壓力的良方。

精神分析學的理論「心理事件不過是社會事件的心理層面，社會事件不過是心理事件的社會層面。」商業化、功利化的社會，不斷地在鼓勵奢華風氣，創

造流行風潮。試想台灣從跨年演唱會開始，新年、春節、西洋情人節、元宵、母親節、端午節、父親節、中國情人節、中秋節、萬聖節、聖誕節，哪個「過節」不是和自己、社會甚至地球有「過節」。商業的行銷不但使我們眼睛充血、大腦缺血、荷包失血、心中淌血，更大量製造溫室氣體，破壞地球環境。情人節燒真錢，說一些鬼話給人聽；中元節燒假錢，說一些人話給鬼聽。以往中秋節是家人團聚的日子，清風明月，品嚐文旦、月餅，共享天倫之樂。曾幾何時，在一個空前成功的「烤肉醬」行銷廣告推波助瀾下，烤肉竟成了中秋節的儀式。

　　癌症連續二十年高居死亡率的榜首，每三個人就有一人因癌而往生。而癌症的成因主要是壽命的延長及生活的複雜。造成癌症「致癌基因」與「抑癌基因」的突變，外在因素普遍存在於不均衡、不健康的

飲食，香菸、酒類、毒品、環境汙染物質、放射性物質與病毒。最近腸癌攀升台灣癌症發生率的男女雙料亞軍，主要由於過多肉類與脂肪的攝取。我們不可能以縮短壽命的方式來降低癌症的發生率，也只能以簡樸生活，落實「身體環保」、「心靈環保」及「地球環保」來愛護自己，愛護社會及愛護地球。

在滾滾的紅塵中，現代人要活出簡單很不簡單，要活出複雜卻很簡單。台中慈濟醫院簡守信院長是整形外科的名醫，也是大愛電視「大愛醫生館」的館主。以往的簡院長刀法細密、思維周密、行事縝密，有能化繁為簡的本事，有能破涕為笑的幽默，是名符其實的「笑裡藏刀」。而現在的簡院長在慈濟精神的薰陶下，更化身為「五簡大夫」；開刀的時候稱為「簡刀」；賑災時稱為「簡愛」；騎單車時稱為「簡單」；在感恩戶家中打掃稱為「簡潔」；上電視傳播

健康資訊稱為「簡訊」。證嚴上人開示：「最簡單的事，也有最深刻的法。」而萬法唯心造；心隨「境」轉就猶如「紅塵浪裏，十丈波瀾等閒起」；「靜」觀自得可達「孤峰頂上，一鳥不鳴山更幽」；自「淨」其意就能心寬念純；心如明「鏡」就能照徹實相；「敬」天愛地便能知足惜福；善「盡」形壽，以造福世間。簡單是複雜的終極，心的修鍊，境→靜→淨→鏡→敬→盡，從心中有「數」的能知見一切法，到心中有「素」的於一切相，不取不捨，亦不染著，便能不役於物，成為自己的主人，圓滿身心靈健康的人生。

22　正義 × 爭議

　　哈佛大學教授桑德爾(Sandel)的系列講座「正義：一場思辨之旅」，穿越校園，飛越全球，在中國、日本、韓國、台灣都造成轟動，可見「正義」不但是普世價值哲學最複雜的中心議題，也是困惑人心最難解的道德謎題。希臘先哲柏拉圖在《理想國》中提出四種主要德行，包括智慧、勇敢、節制與正義，前三者分別對應靈魂的理性、意氣和激情，而正義是靈魂共有之德行。在理想城邦的組成中，統治者需要智慧，戰士需要勇敢，百姓需要節制，而正義是在守法、合法下使大家各安其分的「大義名分」。而這樣的正義建立在不平等的社會階級秩序上，利於統治與安定。

柏拉圖的學生亞里斯多德則以共同體中與他人的關係的角度解讀正義，認為正義的本質是平等。而平等有兩種含義，其一是「匡正正義」，如同損害理賠一般，是把遭受破壞剝奪的損失，恢復原狀的平等；台灣在政黨輪替後高唱入雲的「轉型正義」是一種清算式的匡正正義，屬於算術式的平等。另一種則是「分配正義」，認為人應依據自身的努力與價值，獲得相對的財富、名譽，屬於幾何式的平等。羅馬時代的西賽羅(Cicero)認為正義是「各人依各人的權利來取得分配的恆常不斷的意志」。

　　到了近代，經霍布斯(Hobbes)、洛克(Locke)、盧梭(Rousseau)對於「人性論」與「社會契約論」的探討，確立了近代自然法論的架構，以正義作為人權思想的依據。而後，歷經了市民革命與獨立革命的洗禮，誕生了孟德斯鳩(Montesquieu)的立法權、執行權與審判

權「三權分立」的政治主張。「公民」是「契約論」下的概念，其基礎是權利與責任，呈現的是一個人民自治的社會。而傳統專制體制下的「臣民」是「統治論」下的概念，其基礎是權力和服從，呈現的是一個人民被治的社會。在「官僚體制」下的「臣民心理」只能仰望青天，渴望德政，只會產生逆來順受的順民與鋌而走險的暴民。

在專制的時代，人們用革命手段來取得統治的權力，而在民主的時代，人們用選舉制度來取得治理的正義。台灣從獨裁到民主的過程中，有許多奮鬥轉折，辛酸血淚。二〇〇〇年是台灣歷史的轉折點，在第二次的總統直選，台灣人民以選票創下了第一次「政黨輪替」。但當選票成為權力正義之時，它帶來的是國家的進化，還是退化？從早期選舉的金錢買票、黑箱作票到今日的政策騙票、樁腳綁票，背後

舞動的皆是黑金結構，黨派利益的幽靈。手段不同，目標一致，為的是取得政權的合理性與合法性。台灣人民若不能珍惜契約論下「公民」一人一票的神聖權利以及其相應而來自律與自治的責任，又期待是統治論下官府無微不至照顧的「臣民」，需索無度，不但是民主的不成熟，也是社會的價值錯亂。而政黨為了兌現選舉時胡亂開出的支票，又要報答利益團體背後的支持，把政策當印鈔機，把國庫當提款機，輕者將造成政策跳票，重者將導致國家破產。歐豬五國「小政府，大支出」造成的財政崩盤，不正是鮮明的範例嗎？今日台灣，若仍任由利益綁架政策，權力壟斷資源，民粹反制專業，媒體操弄仇恨，也必將由華人的民主典範淪為負面樣板。

公民社會運動的風起雲湧，反映了台灣人民民主意識的覺醒，對於政治、社會、司法的不公不義現

象發出怒吼，提出訴求，要求政府進行改革。一九九
○年的野百合學運，提出了「解散萬年國會」、「廢
除臨時條款」、「召開國是會議」、「政經改革時間
表」的四大訴求，帶領了台灣民主化進入嶄新的階
段。一九九四年的「四一○教改大遊行」，動機純
正，立意良善，卻由於錯估形勢，欠缺配套而造成教
育品質的反向重挫，技術人力的大量流失。可見公民
運動猶如一刀兩刃，可以載舟，也可覆舟。這幾年，
台灣社會運動因為科技進步，網路、手機的普及，出
現了結構性的改變。認同群眾主動串連，凝聚共識，
超越了傳統政黨的動員操作，從美麗灣事件、文林苑
事件、核四案、大埔案，到洪仲丘案莫不如此。同
樣的，源起北非的「茉莉花革命」是一場透過「臉
書」、「推特」迅速形成的一股難以抵擋的洪潮，也
是當時一場舉世稱揚的人民自覺運動。解放了突尼西

亞與利比亞，卻帶來更多的動亂與殺戮。推翻了埃及穆巴拉克政權，卻在兩年內演變為舉國動盪，人民煎熬，宗教傾軋與社會仇殺。在軍方罷黜穆希總統，劣化質變的革命結果已正式宣告茉莉花的凋萎。群眾運動固然可以推翻強權，改變不公不義的制度，但一旦暴衝也可能破壞社會秩序，造成公權力的式微，專業權威的崩盤，制度法律的解體。主政者能正視公民訴求，不要輕率的把民眾聲音判定為「民粹」；而公民也要有自我管理，自我節制的能力，建立真正的民主意識，才是社稷國家之福。筆者往返於台北、花蓮之間已逾二十五年，搭乘飛機與火車都已超過千次，但每次都震撼於「龜山島」的無聲說法。從不同立場、角度、天候和心情，它總是呈現不同的風貌；時如海上的仙山，時如不沉的航母，時如昂首孤高的天鵝，時如水暖先知的春鴨，使我能體會「橫看成嶺側成

峰，遠近高低各不同」的高遠意境。「公平正義」這面古今中外，帝王將相，販夫走卒都不斷揮舞的大旗亦復如是，不但廣義、多元，而且是主觀、對立的。無論是國家正義、革命正義、司法正義、程序正義、市場正義、分配正義、土地正義、環境正義，甚至江湖正義、黑道正義，打著「正義」的招牌，人人都是「義」不容辭、「義」無反顧、「義」正辭嚴、「義」憤填膺。

戰爭、征服、殺戮與霸權與人類的歷史一樣悠久，沒有因時代的變化、空間的推移而有所改變。戰爭的內在動機除了生存與發展外，更是欲望、野心、資源、商機、國家版圖與政治板塊的層層考量，再加上歷史的仇恨、族群的意識、文化的區隔與宗教的教義，非常的錯綜與複雜。但共同的偽裝，包裝與武裝都是「正義之師」，並且妖魔化對方為「邪惡

軸心」，才能「師出有名」。高舉正義不但容易延伸爭議，甚至可以以「正義」之名，殺人無數、毀人不倦、欺人太甚或入人於罪。現今東西二大強權，「獨孤求敗」的美國提倡自由與人權，尊崇市場正義，卻導致次貸危機的金融風暴，造成嚴重的社會不正義；更以「量化寬鬆」的貨幣政策，強迫其他國家為其浪費、奢侈來買單，形成嚴重的國際不正義。「東方不敗」的中國主張平等、解放，標榜社會正義，卻以「黨國資本主義」拉大貧富差距，加劇社會的矛盾與不公。「正義」常常在歷史迷失，向現實妥協，並沒有放諸四海而皆準，歷經百代而不變的正義。

公平正義和海晏河清一樣，是人類永遠的期待。但人世間卻沒有絕對的公平和正義。生者必滅，往生可能是人類最公平的最後結局，但幾歲往生，因何往生卻一樣很不公平。法律是正義的最後

防線，但法律仍會因各種主觀和客觀的因素，像初一、十五不一樣的月亮。最近興起的「社群主義」（communitarianism），批判「自由主義」優先考量程序正義，忽視了道德與良善，也反對「極權主義」以國家名義之名剝奪個人自由；主張自己與共同體的相互關係，探討與實踐道德與良善。作家余秋雨曾說：「沒有善與愛，人類早就消失。」證嚴上人亦云：「台灣無以為寶，以善以愛為寶。」媒體與政黨的自清自律，行政與立法的良性互動，監察與司法的公平公正，才能彰顯體制的公平正義。但只有提升每個公民的愛心、善念、理性、智慧，才有可能真正的實現這樣的終極目標。

23　亞當 × 夏娃

　　當牛頓咬了一口蘋果，就釋明了星球迴旋的動態；當黎智英咬了一口蘋果，就攪亂了台灣媒體的生態；當賈伯斯(Jobs)咬了一口蘋果，就改變了世界生活的型態；當亞當(Adam)咬了一口蘋果，如鯁在喉，結結巴巴向夏娃(Eve)表白：「Madam, I'm Adam.」時，世界就此乾坤底定，陰陽合璧。而其中穿針引線的是一條既滑溜又多疑的「蛇」，杯弓「蛇」影，人間事從此沒完沒了。

　　人類基因組(human genome)是一套完整的人類基因，存在於二十三對各自獨立的染色體中。其中的二十二對依其長短，由最大的第一號至最小的二十二

號依序排列編號。另一對最特別的是性染色體(sex chromosome)，女性從父母兩方各取的一個大型X染色體(XX)，男性從母親得到一個X，從父親得到一個小型Y染色體(XY)。別以為男性高壯魁梧，X染色體大小介於第七與第八號染色體之間，Y染色體則是最小的染色體。X和Y猶如正常人配哈比人，潘金蓮配武大郎，男性先天就矮了一截。

　　Y染色體擁有SRY基因，這段基因會啟動一整系列的連鎖反應，透過子宮荷爾蒙的作用，使得胚胎具有男性的特徵。在母親的子宮裡，早期胚胎的大腦先天都是女性，一直到懷胎十二週後，男性胚胎會分泌雄性激素，重新塑造和組織神經網路，從此男女便各奔前程。在大腦的結構與功能上，「男女大不同」主要區別在於下視丘的INAH3神經核，男性比女性大二至五倍。這個神經核對於男性荷爾蒙特別敏感，負責典

型男性化性狀。另一個差異是連結左右大腦的神經纖維板塊胼胝體，女性通常大於男性；使女性能「左右共治」，將感性創造的右腦融入理性分析的左腦；在生活應對及評估情勢更能視界寬廣。而男性左右大腦分進不合擊，有利於專業化增進，在數學、器械、工程上較具利基，在解決問題上也比較能夠切中重點，釐清緩急輕重。男性大腦細胞相對於女性死亡較早，比較容易失去與思想、感覺相關的額葉與顳葉神經細胞，年老時較易怒，人格變化；女性較容易失去負責記憶及視覺空間的海馬迴及頂葉神經細胞，年老時比較健忘，沒有方向感。

　　演化心理學家認為兩性之間存有心理與情感的差異，對於基因傳承的生殖策略也有顯著不同。從狩獵採集的時代，人類為了生存必須與大自然及其他物種抗爭；形成部落、族群、邦國後，更為了地盤、資

源、仇恨與野心相互征伐。男性負有保家衛國的責任，長年在外征戰，或動輒得罪當道，生命在旦夕之間，到處播「種」以確保傳宗接代是其生殖戰略。女性一生能生養的孩子的數目有限，具母性又身負養兒育女的責任；其生存與生殖的策略在確保能得到最好的保護並讓後代擁有最好的品質與機會，自然會盡力選擇有能力、能依靠的男性。這也是為什麼古代皇帝擁有三宮六院，員外擁有三妻四妾，而沒有能力與資源的男性常孤苦一生、斷子絕孫。而女性們「外鬥外行」、「內鬥內行」，在「深宮」、「大奧」內以「九陰真經」進行慘烈的競逐，或只能「苦守寒窯」、「望君早歸」的「但願君心似我心，定不負相思意。」

　　在物質豐厚、物慾橫流今日社會，仍不時見到以不同的型式在演出雷同的戲碼。「男人有錢就會變

壞，女人變壞才會有錢」、「試金可以用火，試女人可以用金，試男人可以用女人」、「沒錢的男人想結婚，有錢的男人想離婚」、「沒錢的老板把老婆當秘書，有錢的老板把秘書當老婆」，這樣的人間現形記，似乎在暗示「演化決定論」、「生物決定論」仍然主宰現代的兩性關係。

近年來，女性意識抬頭，批判英文的歷史是「history」，而非「herstory」，充滿了男性沙文主義。因為歷史並不是男性獨創的，而男性一定是女性生的。激進的女性主義者認為將女性「物化」，「工具化」的父權體系是男性精心設計壓迫女性的社會結構，家庭則是壓制女性的主要場所，並主張應視男性與女性是兩個對立的階級。這樣的衝突理論是以權力的觀點來分析，認為社會學習可以改變人對生物性別的認同，而當女性在經濟上愈自主，可支配資源的價

值愈高時，在婚姻的自主性會愈強，受到壓迫的程度就愈小。生物性別(sex)是指先天的生理與性徵；而社會性別(gender)是指自我想像與文化賦予所形成的性別定義。社會學家堅信，在兩性間觀察到的差異是文化層次。在社會文化的薰陶下，兩性也有向中靠攏的現象。君不見，現代很多女性很「man」，很多男性很「娘」。

　　而社會性別又可區分為三個面相，包括性別認同、性別期待與性別角色。性別認同是個人對自己性別的感受。性別期待是文化對於不同性別的社會期望。性別角色是依據不同性別，區分其責任及義務，進行分工，而這三個面相皆會因時代進步，社會變遷而有所改變。在性別認同上，同性戀、變性手術已漸漸為社會所接受。在性別期待上，「男主外，女主內」的傳統性別角色已隨著女性走出家庭，進入職

場而改變。在性別角色上，因為教育的普及，男女機會平等的提升，傳統的職場分工、職業分別已漸漸模糊。傑出的女性宗教家、工程師、法官、醫師比比皆是。慈濟大學醫學系兩年前，女學生首次多於男學生，完成了「make herstory」的時代使命，證明傳統男性的工作，女性「取而代之，可也」。男女在生理功能上互相吸引，在生殖策略上爾詐我虞，其實是演化繁衍後代最高明，超完美的設計。兩性都應誠實務實的面對先天上身體結構、生理功能以及性別特質的差異。性別的實質平等應建立在理解性別的「差異性」，認同性別的「平等性」，珍惜性別的「互補性」及尊重性別的「選擇性」上。天下男性應當覺悟，當今已不是天下為「公」的時代了，哥哥爸爸也不特別偉大，婆婆媽媽已經撐起了半邊天。

　　一九六六年，證嚴上人發願成立「克難慈濟功

德會」，號召三十位婦女開始了每天存五毛錢的「竹筒歲月」，從竹筒的「性空」，一步一腳印，積沙成塔，聚米成籮的「緣起」，四十八年來已發展成四大八印，遍五大洲的全球志業，開展出毅力、勇氣、智慧與包容的偉大女性力量。上人常勉勵弟子：「女人當男人用，男人當超人用。」上人給男弟子作足了面子，但我揣測真正的意涵是女性可以學習男性的邏輯思辨，該沉默時沉默是金；男性可以學習女性的細膩周密，該溝通時溝通無礙。如能這樣，男女弟子遇到「mission impossible」(不可能的任務)時，都能化身為超人，也才能「impossible is nothing」(沒有不可能)的「使命必達」。

24 老公 × 老婆

　　人類的男女之間、動物的雌雄之間，皆存在致命的吸引力。雄性的孔雀開屏、鹿角崢嶸皆是為了吸引雌性的青睞，也為了傳承基因的備分；顧不得華麗吸睛的英姿美儀比較容易招致同性的嫉恨及掠食動物的攻擊，真的是「生命誠可貴，愛情價更高」。「梁山伯與祝英台」、「羅密歐與茱麗葉」，無論中西，浪漫淒美的愛情故事，總是傳頌千古。「衝冠一怒為紅顏。」吳三桂開了「山海關」，只因難渡「美人關」。「木馬屠城記」的「特洛伊戰爭」(Troy War)更只是為了一個女人的戰爭。

　　「人間自是有情痴，此恨不關風與月。」、「天

長地久有時盡，此恨綿綿無絕期。」、「衣帶漸寬終不悔，為伊消得人憔悴。」、「還君明珠雙淚垂，恨不相逢未嫁時。」、「春蠶到死絲方盡，蠟炬成灰淚始乾。」、「滴不盡相思血淚拋紅豆，開不完春柳春花滿畫樓。」尋尋覓覓、分分合合的愛情總令人盪氣迴腸、夢牽魂牽。時間創造想像，空間賦予美感，「兩情若是久長時，又豈在朝朝暮暮。」牛郎織女一年一會，不但不是「悲劇」，而且成為人間「美談」；若兩人天天廝磨在一起，可能已經「人到情多情轉薄，而今真個不多情。」落得「相見不如不見」的難堪局面。

男女之間的愛情，穿越歷史的時空，超越文化的界線，自人類演化開始即已存在。人類學家賈寇維亞克(Jankowiak)研究一百六十八種人類文化，證實超過90%之文化皆有浪漫愛情存在，其餘10%，由於證據不

足，無法定論。儘管有歧異的政經文化，不同的婚配制度，多元的宗教教義，絕大多數的人都渴望愛情。以往漢民族是父權主義社會，男性為經濟中心，一家之主，有控制其他成員的權力，妻妾成群可彰顯其權力與地位。但在母系社會的部落，一妻多夫制是被認可的家庭形式。當今社會，男女平權已漸成普世價值，一夫一妻制中，丈夫與妻子更能公平合理的分擔責任，共享資源。

法國「存在主義」的哲學家沙特(Sartre)認為上帝並不存在，人生虛無，世界荒謬，愛情具有衝突的本質，主張在沒有意義和荒謬的現實環境中，必須「有所為」來證明自己的存在與生命的價值。沙特與西蒙波娃(Simone de Beauvoir)這對二十世紀四十年代至六十年代在西方知識界走紅的左派革命情侶，愛人同志，徹底實踐其自由奔放，沒有禁忌的愛情及私生活

方式，成為自我摧殘又摧殘社會的「絕對自我」知識份子典型。然而愛情的本質確實是衝突的、脆弱的，甚至是現實的、功利的。愛情這種浪漫感性的事情，一開始就染上了利害的色彩，實在很掃興、很敗興。但被愛情沖昏了頭，「情到深處無怨尤」，完全漠視現實問題與人情牽絆而結合，也並非是婚姻的常態。在高度分工、男女平權的社會所導致家庭功能式微瓦解，隨之而來離婚率飆升，單親家庭暴增，青少年犯罪率提高都會產生嚴重的社會問題。婚姻一旦破裂，無論是財產分配、贍養費、兒女監護權問題，無一不面臨冷酷，現實與功利的計較。「苟合」與「湊合」的婚姻失敗率很高，冷靜考量，相互檢視，從「磨合」、「謀合」、「整合」而「結合」，才會「好合」。先小人後君子才是論及嫁娶應有的冷靜的態度，小人之心就是「小心」。

古代的婚配常憑父母之命、媒妁之言，婚前既素未謀面，也自無任何感情，洞房花燭猶如摸彩開獎，却常能細火慢燉、白首偕老。只因婚前協議猶如一紙「信用保證」，門當戶對猶如一種「品質管控」。「將相本無種」，今人不再在乎門當戶對，但仍會考量身家條件，譬如學歷、職業、家庭狀況、經濟能力、健康情形、品性道德等。過了雙方門檻，一般才會進行交往。但交往是與對方優點談戀愛，結婚得與對方缺點廝守一生。女人婚前作臉，婚後變臉；男人婚前多情，婚後無情就像政客選前騙票，選後跳票一樣的稀鬆平常。在戀愛時的有情人常會產生愛的錯覺（love's illusion），沉迷於愛的幻覺（love's hallucination），對婚姻的憧憬有不可救藥的樂觀。西方的調查，婚前只有10%的人認為自己可能會離婚，而實際上接近一半的人會以離婚收場。台灣內政部資料，近年已有高

達25%的離婚率。現代的社會，初戀像輕音樂，熱戀像搖滾樂，結婚像交響樂，離婚像流行樂。古代愛情「故事」多，只因「一山不容二虎，除非一公一母。」現代愛情「事故」多，只因「一山不容二虎，尤其一公一母。」

　　在無窮無盡的時間，無邊無際空間，無數無量的人間之中，二個原本卓然獨立的人，哈利碰到莎莉，從相識、相知、相愛到互許終生，是何等不可思議的因緣。但相愛容易相處難，「永結同心」、「永浴愛河」，婚禮上耳熟能詳的「好話」、「佳話」，很弔詭的常常很快的淪為「笑話」、「神話」。從一人到二人，從一家到二家，由於雙方的背景、思維、觀念及習性不同，難免像地球板塊不定期，無預警的互相碰撞。板塊推移可以是正常的能量釋放，有助於地球的內在平衡及永續安全。但過大的衝撞會形成地

震或海嘯，也可以造成移山倒海，家破人亡的浩劫。夫妻關係與家庭經營亦復如是。人生有兩大悲劇，一是得不到你想要的東西，一是得到你不想要的東西。「仁」在中國一直是最難理解，也是無所不包的倫理概念，把它拆開即是「二人」。在二人的世界，透過相互的尊重、感恩、善解、包容、才能求仁得仁。若過度的堅持自「我」，目中無「人」，其結局不是怨憎會苦，「相對無言，唯有淚千行」，像無期徒刑的相互折磨；就是「落花人獨立，微雨燕雙飛」，勞燕分飛的下場。

唐朝詩人孟郊闡述「愛」的真諦：「心心復心心，結愛務在深」。愛是心的感受，然而心是最難以捉摸，也是最不可言諭的。《般若經》云：「於一切法，心為善導，若能知心，悉知眾法，種種世法皆由心。」漢字的「心」：「三點若星相，橫鉤似月斜，

披毛從此得，成佛也由它。」直可以上窮碧落下黃泉。必是心的殺手，就如同我執是婚姻的殺手，老公老婆都存有同理心，柔軟心才能「心心相印」。不要要求一百分的另一半，而是五十分的兩個人。

老公最常抱怨的是老婆試圖改造自己。有人說盡全力把思想裝進你腦袋的是「老師」，盡全力把金錢掏出你口袋是「老板」，而唯一兼具這兩種功能的是「老婆」。若老婆加入的是「經建會」，把「LV」視為必需品，把「love」視為奢侈品，老公必將「不戰而逃」。若老婆建立「警總」，以束起老公口袋，吊足老公胃袋，改變老公腦袋為「擒龍三掌」，老公必然「不寒而慄」。而老婆最常抱怨老公的是不肯傾聽。英文的heart是hear art的合體，亦即是傾聽的藝術。老公若能立志成為教育「聽長」，並修得「天聽三式」；「輕輕的話，要重重的聽」，「重重的話，要輕輕的

聽」、「不中聽的話要重聽」；老婆也避免「一言九鼎」及「一言九頂」；才能在波濤洶湧的愛河中履險如夷，「兩岸猿聲啼不住，輕舟已過萬重山。」但若一方是「外貌協會」的會員，「外交部」的成員，就難怪另一半要成立「國安局」、「內政部」，勢將雞犬不寧，永無寧日，那可是咎由自取，怨不得人。

　　「家和萬事興」，家庭是人間親情的搖籃，也是社會安定的基石。《靜思語》說：「家不是講理的地方，不是算帳的地方，而是講愛的地方。」《聖經》對愛的詮釋：「愛是恆久忍耐，愛是恩慈，愛是不嫉妒，不自誇，不張狂，不堅持己見，不輕易發怒，不喜歡不義，只喜歡真理；凡事包容，凡事相信，凡事盼望，凡事忍耐，愛是永不止息。」「問世間情是何物，直教生死相許。」結髮夫妻在人生道上能夠相互扶持，共同成長，一起學習，彼此成就，進而昇華為

「心懷長情，永浴大愛」的人間道侶，才是真正的

「身無彩鳳雙飛翼，心有靈犀一點通。」

25　貪得 × 捨得

佛告地藏「閻浮眾生，志性無定，習惡者多，縱發善心，須臾即退，若遇惡緣，念念增長。」娑婆眾生或因三業(身、口、意)而生罪，或因六根(眼、耳、鼻、舌、身、意)而起過，可以說是莫問貴賤，罪相無量。惡因是生根在生命深處的荊棘種子，在惡緣的引導下，會生根、發芽、開花、結果，導致惡報。這也是為什麼「菩薩畏因，眾生畏果」的道理。眾生浮沈於無際的生死大海，任由業力遷流，惡緣牽引，擾亂了清淨的本性；內心的貪、瞋、癡、慢、疑，透過我們的意識、聲色、語言與行為表現出來。想要避免生出更多的惡果，就必須纖毫明鑑，深切懺悔找出盤根

錯節，糾纏不清的惡因之根。如同外科清創傷口，雖然會痛，但可以避免感染的蔓延，造成潰爛，甚至導致敗血症及多重器官衰竭。也就是所謂「智者先覺，便能改悔；愚者覆藏，遂使滋漫。」

眾生煩惱無邊，而煩惱常由貪、瞋、癡三毒的意業所生。「貪」是愛染貪欲，貪愛色、聲、香、味、觸、法六塵的欲望。「瞋」是瞋恚忿怒，表現於內心的是怨、恨、嫉妒，表現於形色的是諍、害、惱怒。「癡」是無明我執，即不知事理，不辨善惡，不分是非，不明因果。貪與瞋的源頭其實還是癡（無明），由於迷惑、無知、執著、野心而產生愛欲、貪著、忿恨及嫉妒，而且無窮無盡，無休無止，不擇手段，不問是非的追求財富、名位、權勢、女色，甚至歷史定位。《八大人覺經》說：「多欲為苦，生死疲勞，從貪欲起；少欲知足，身心自在。」無明是流浪生死

的根本，也是人生煩惱及痛苦的總根源。蘇格拉底也說：「我們需要得愈少，就愈接近神。」

《醒世歌》也說：「春日才逢楊柳綠，秋來又見菊花黃；榮華總是三更夢，富貴猶如九月霜。」世界上有許多「我執為有」的人，沒有無常與無我的觀念，不了解無常是事物存在的唯一形式，成功與生命都不是永恆的，名利、權勢、聲望、健康，都如過眼煙雲，隨時都可以消失。「千年土地八百主」、「財富為五家共有」，不但財產、權力、名譽、地位，隨時可以離開我們，我們也隨時可能離開它們。「錢在銀行，人在天堂」還不是人生最大的遺憾；「錢在銀行，人在地獄」才是人生最大的遺恨。慳吝傷雅道，嗜欲如猛火，沒有智慧與慈悲，富貴功名不但並非福報，反而是禍央。話說有油水的地方，就容易滑倒；爬的愈高，摔得也愈重；追求「一統江湖」的人，

常被「一刀斃命」；爭逐「一家天下」的人，常會「一敗塗地」。「欲」如其字，是難以填滿的深谷，「貪」亦如其字，不過短暫獲得當今的寶貝，而寶貝被瓜分後就成成「貧」。「知足」、「知止」，不但是明哲保身，也是明心見性之道。

　　印尼是世界最大的島嶼國家，多達一萬三千七百餘座之島嶼，散布於東西長五千一百公里的廣大多樣海域上，擁有世界第四多超過二億之人口，其中九成為伊斯蘭教徒，而經濟卻掌握在六百五十萬華人手中。我因參加國際學會而造訪過峇里島數次，但這個以印度教信仰為主，被視為觀光經濟命脈而重重保護的特區，其「快樂天堂」的形象，卻不是印尼這個苦難國家的實相。雅加達的紅溪河(Kali Angke)，是因為荷蘭殖民政府在一七四〇年，為壓抑華人的政經勢力，挑撥印華的族群關係，引發上萬華人被屠殺「血

流成河」的慘劇而得名。Angke正是閩南語「紅溪」的音譯。爾後數百年間，印華關係既疏離又緊張，貧富懸殊加上歷史仇恨，引發了層出不窮的「排華運動」，族群衝突一直牽動著印尼政治與社會的敏感神經。

我在二〇〇三年，初次跟隨慈濟志工到雅加達義診，並造訪紅溪河。出發前聆聽了音樂家李壽全創作的＜永遠的紅溪河＞這首曲子，沉醉於優美輕快的旋律，彷彿置身於＜藍色多瑙河＞的浪漫情境，想像著飛馳河上，馮虛御風，縱一葦之所如的快意情懷。而真正到達現場，卻為眼前的景像震撼不已。理應為雅加達大動脈的河道，被上游及兩岸幾乎家徒四壁的居民所流放出的垃圾及排泄物，淤塞成又臭又黑的大壕溝，而成為名符其實的「雅加達黑色心臟」，我們的快艇幾度被河中的垃圾卡住而動彈不得，真是「兩岸

垃圾止不住，輕舟難渡紅溪河。」

「俟河之清，人壽幾何？」是古代人心望治，渴待政治清明的慨嘆。但如果人心無法淨化，教育無法提升，將難期有海晏河清的一天。二〇〇二年，長達一週的超大豪雨傾瀉而下，使得紅溪河氾濫成災，卻也開啟了紅溪河「由黑反白」，「激濁揚清」的契機。幾位印尼華人大企業家，在慈濟大愛精神的啟迪下，開始了深刻的反思，更在證嚴上人「頭頂人家的天，腳踏人家的地，取之於當地，理當回饋於當地」的期勉，以及「五管齊下」，包括抽水、清掃、消毒、義診和遷建的具體指示下，積極投入由「水文」到「人文」，全方位的「紅溪河整治」行動。

隨後數度再訪雅加達，很驚訝發現在這樣全面、全程、全心、全力的努力下，不但河水清澈了，人心也清澈了。慈濟為紅溪河畔居民遷村，規劃了有完

善生活機能、宗教寄託、醫療與教育設施的「大愛村」，原本有如置身於「地獄」的居民，隨時隨處可看到因感恩與幸福，所綻放出如「天堂」般燦爛的笑容。而華人企業家與慈濟志工無所求的付出，不但消除了族群的衝突，也獲得印尼政府與人民的尊敬和認同。紅溪河整治成功，也使印尼政府將紅溪河命名為「慈濟紅溪河」，並以此成功經驗及模式，全面展開雅加達所有河流的疏濬計劃。紅溪河昔日因華人的「貪得」而紅，今日因華人的「捨得」而清。「捨得」者，實無所「捨」，亦無所「得」，讓我們深刻體會，原來善與惡，天堂與地獄，都不僅在一線之間，更在一念之間。

種族、民族與族群三大概念，是人類用來分類人群的主要方式。十七世紀歐洲帝國殖民主義興起，主要是以「種族」來分類，也就是「基因」的特徵來區

分，而逐漸演變為血緣和文化相近的「民族」觀點。直至今日，「優生主義」的種族概念已被揚棄，民族主義的熱潮也逐漸減溫。為因應全球化的多元社會，以現代國家、公民身分證及人權觀念為基礎的族群意識，已成為當前的主流觀點。而慈濟「大愛無國界」的人文思想和「與地球共生息」的普世價值，更為族群融合，宗教尊重、世界公民的和諧社會，提供了歷史的見證與學習的典範。慈濟在印尼成功的經驗，不但是印尼政府，也是聯合國推崇最成功的安心、安身及安生的救災模式。

不要忽視愛的力量，也不要忽視善的效應。慈濟慈善志業已遍及全球八十五個國家與地區；廣耕福田，利濟眾生，其實皆源於四十八年前上人的「一念悲心」。地球接踵而至的天災人禍，慈濟人不分宗教、種族、國界，以謙卑、感恩、平等、尊重、無所

求的長情大愛，關照一切有情眾生，更深耕人文，將大愛的種子於當地播種。筆者有幸參加很多次海內外賑災義診，每次都感動震憾於慈濟志工大捨無求，眾志成城的精神。來自四面八方，自動自發且自假自費參加的慈濟志工，雖然倉卒成軍，但皆能迅速整軍經武，成為一心一德的合心團隊，而團隊間使命之交接，完全無縫接軌，不但令災區政府民眾讚嘆感動，更覺得是不可思議的夢幻菩薩團隊。其原因在於每個慈濟志工都接受過長期的培訓，無論是醫療志工，教育志工，慈善志工，人文志工，環保志工，香積志工，常常無役不與，累積了很多實戰經驗。慈濟人在上人「為佛教，為眾生」的教示下，共同的信念是「人生的目的不是得到，而是學到；不是得道，而是學道。」

慈濟大學至今已有超過三萬三千名的大體志願

捐贈的登記者。由於大體來源充沛，也為了圓滿大體老師的悲願，慈大的醫學生不但能在「大體解剖學」學習人體構造的奧秘，更由於「模擬手術」課程的開創，能學習臨床急救及手術之技能。海內外知名大學及專科學會的醫師們，也紛紛到慈大取經、學習。美國《華爾街日報》也首頁報導，推崇慈大的「多階段解剖教學」，不但是最好的醫學科學教育，更是絕佳的人文生命教育。而打破華人「入土為安」迷思，鼓勵遺體捐贈之風的正是證嚴上人。上人以極具創造力的智慧，將死亡的印記，從傳統陰森、腐朽、寂滅、消散的感受，轉化為在「空間」上是晶瑩剔透的潔淨莊嚴，在「人間」上是超越凡我的利他精神，在「時間」上是由教化助人中，延長自我生命的價值。大體老師生前「為法忘身」，貢獻社會，往生後「為法忘軀」，將身體的最後功能奉獻給醫學教育。他們以

「大愛」熾燃的生命，已進入同學與醫師們的永恆生命共相之中，「大捨」即是「大我」生命的完成。

　　貪權的人，往往不容易發現自己的盲點，但很容易發現自己的悲哀；貪名的人，往往不容易發現自己的缺點，但很容易發現自己的憂懼；貪錢的人，往往不容易發現自己的污點，但很容易發現自己的煩惱。在名、利、權的漩渦裏，不是放不下，通常是不放下；不是不能放下，通常是不肯放下。佛陀的弟子很疑惑，為什麼對不同疑難雜症的問題，佛陀的回答都一樣是「放下」。佛陀的回答很簡潔，每一個人每天都有不同的夢境，離開夢境也只有一個方法，那就是「覺醒」。人世間沒有完美，抱憾要用心來懺悔；懺悔「貪得」才能真正檢視自己，洗滌心垢。人世間沒有圓滿，缺憾要用愛來添補；發願「捨得」才能真正去除習氣，改變命運。

26 生命 ╳ 慧命

　　在宇宙的蒼穹中，四十六億年前一顆有天空、有海洋、有大地的生命行星誕生了。在誕生後數千萬年間先形成原始大氣；大質量的鐵往中心沈降形成地核，再堆積成地函，而隨著星球的逐漸冷卻，表面凝固變成岩石的地殼；同時大氣中的水變成雨而降落成為海洋。這個星球正是我們現在安身立命的「地球」，但嚴格來說，它是一個如假包換的「變化球」。二十七億年前，整個地球幾乎為海洋覆蓋，陸地極度稀少，就如同一個「水球」。而在這個時期後，由於板塊運動不斷的衝撞，巨大的大陸逐漸隆起。而我們所居住的台灣極度「幼齒」，是由菲律賓

板塊擠壓歐亞板塊四百萬年後，大約在二百五十萬年前才像「出水芙蓉」般由海面浮起。地球有兩次全球凍結成為「雪球」，一次約在二十三億年前，一次約在七億年前。

　　經由許多研究推論，地球生命之始可遠溯至四十億年前，而在二十五億年前開始出現「光合作用」的生物，大氣中開始有了氧氣，並於二十二億年前形成原始的臭氧層。約在二十億年前，生命從原核生物(prokaryote)演化成在細胞核中裝置有遺傳訊息的「真核生物」(eukaryote)。而最早的「多細胞生物」(multicellular organism)大約在十億年前出現，並在古生代初期，大約五至六億年前的寒武紀，於一千萬年間出現物種的大爆發(Cambrian explosion)，生物的型態突然變得複雜而多樣。演化的巨輪與時俱進，生滅無常，曾經雄踞地球一億年的恐龍於六千五百萬年前灰

飛煙滅。波瀾壯闊的地球生命史詩，其實是一部前仆後繼，繼往開來的死亡史與滅絕史。在其過程中，能夠留存下來的生物品類，不是被創造的，而是經過長久不停地演化，不斷地競爭，歷經殘酷的自然淘汰後的適存者。

　　由於有了陽光、空氣與水的殊勝因緣，地球才能演化孕育出高級生靈，智慧生命。在地球四十億年的生命長河中，人類於數百萬年前突然異軍突起，快速崛起，瞬間就攀上了基因演化的最頂峰，並主宰整個地球，也開始探索宇宙。而人類的生命追根究柢，在每一個細胞的細胞核中之基因裏，都潛藏了地球生物演化過程的一切細節與記憶。構成我們身體的基本粒子，原子與元素，都是宇宙創生後不久的產物。所以我們的生命不僅是從出生到往生的過程而已，而是根源於宇宙的歷史，地球的歷史，以各種「無生」的

材料，因緣聚足於一個受精卵細胞，再增殖分化為六十兆個細胞，並由演化最精密複雜的大腦延伸形成「意識」及「智慧」所重疊而成。「緣生」之後，在有生之年又會發展出無量的因緣流轉，而在「緣滅」之後，身體的結構會解構回到「無生」的物質，消散為其他生命或無生命物質的基礎；符合了《涅槃無名論》：「天地與我同根，萬物與我一體」的生態觀。《圓覺經》也說：「一切眾生，於無生中，妄見生滅，是故就名輪轉生死。」

　　人世間沒有比生命本身更珍貴，更重要的東西。沒有生命，就沒有由生命自體所察覺映照的世界與宇宙，所以佛陀才說：「天上天下，唯我獨尊。」《尚書》云：「惟天地，萬物之母；惟人，萬物之靈。」對人類這種「智慧生命」而言，生命應不只是存活，生活，更重要的是不斷探索生命的意義與人生的價

值。生命科學對生命的定義，存在許多面相，包括是通過能量流動和物質循環而不斷增加其內部有序性的開放系統；具有進食、代謝、呼吸、運動、生長、生殖、排泄和反應性的功能系統及自動控制系統；通過基因複製、突變和自然選擇的自我複製及自我增殖而進化的系統。

　　生命由因緣聚合而成，但從上往下剖析有生態、個體、系統、器官、組織、細胞、分子、原子其至基本粒子的生命層次。生命中還有生命，在由整體至部分，由宏觀到微觀的一系列層次上，表現了生命現象。一般人對於生命的體現，通常只是一時一地、一念一境的感受，承受或享受，沒有深刻的省思與證悟，這樣的人生就如同是支離破碎的拼圖，莫明所以也莫知所終。蘇軾的詩：「人生到處何所似？應似飛鴻踏雪泥，泥上偶然留指爪，鴻飛那復計東西？」白

居易的詩：「來時春夢無多時，去似朝雲無覓處。」都表達了詩人對生命的困惑與不解。生命的意義為何？這已超出生命科學的層次，進入哲學與宗教的價值系統。

　　人生如一團「謎」，如真如假，如醉如醒。《紅樓夢》說：「假做真時真亦假，無為有處有還無。」禪師中峰明本也云：「人生猶如幻中幻，塵世相逢誰是誰？父母未生誰是我？一息不來我是誰？」從心理學的觀點，人終其一生都在尋覓回到子宮內無憂無慮的感覺；在母胎內不需呼吸、不需努力，就能接受來自母體源源不絕的生命資糧。佛陀的「十二因緣觀」描述的是三世二重因果。筆者試圖以現代的科學來詮釋，前世的無明與造作(行)所形成的業果會被帶入今生的胎識(識)，慢慢有了神經系統(名)的發展及身體(色)的成長，再經由眼、耳、鼻、舌、身、意(六入)

輸入外來的訊息與刺激，開展與外境的接觸(觸)，形成感受(受)，以上的過程指的是從過去之因到現在之果。當我們還在母親的子宮內，尚未俱足「我」的感覺與意識，而當離開母胎成為獨立的個體，「我」與「存在」就進入意識的層面。隨著成長，開始有了貪愛(愛)，獲取(取)及擁有(有)的欲望與行動，分別、貪婪、無明、執著逐漸萌芽滋長。從此人就離開子宮的「天堂」，來到「人間」來受苦。而愛、取、有所衍生的罪業，又會帶到來生(生)，並決定下輩子的生命輪迴(老死)，這就是從現在之因到未來之果，而且將生生世世不斷循環輪迴下去。假如我們沒有足夠的福報聽聞正法，沒有足夠的智慧領悟空性，就可能在這個不真實的世界演繹一生，浮沈在無際的生死大海之中。

　　人生如一場「夢」，如虛如幻，如泡如影。二

〇一一年我參加慈濟日本東北海嘯的賑災團隊。站立在氣仙沼的港邊，舉目望去盡是一片斷垣廢墟，只有海水嗚咽，如訴如泣沖刷海岸的聲音。回想以往這個號稱「世界魚翅之鄉」的豪奢榮景，頓覺繁華如夢。湧上心頭的是佛陀淒美悲涼的偈誦：「我觀十方諸世界，仿若清晨之微星，又如海上之聚沫，夏日雲雷電光火，閃爍不定風中燭，如夢如幻不真實。」開示著諸行無常，世間上沒有不變的永恆。大寶法王也曾說：「這個世界只是一個夢，親人只是一個緣，家庭只是一個驛站，追逐的感情和名利只是一個意識的幻影，夢醒時分空空如也，只能自己殘酷的面對輪迴。」紅塵俗世之人就像《紅樓夢》所描述：「浮生著甚苦奔忙，盛席華筵終散場，悲喜千般同幻夢，古今一夢盡荒唐。」很少人能從夢裏驟然清醒，寧願選擇繼續在夢裏迷茫。

人生如一條「線」，如高如低，如長如短。當我們扔石頭時，石頭在外力與地心引力的作用下，會劃出一條由下而上，再由上而下的拋物線；正常的人生軌跡亦復如此。出生時是拋物線起點；青壯年時如日中天，達到頂點，往生時正是拋物線的終點。就如同一年的春夏秋冬，春天的生機，夏天的光熱，秋天的圓熟，冬天的潛藏，四時的韻律讓我們能體會天地之美，造化之奇。小孩過度早熟，成人過度幼稚都偏離了正常拋物線的軌跡。人生的高度通常關乎我們先天的條件，後天的努力，社會的際遇與責任的承擔。生命長度雖然不是我們能完全決定的，但因新世紀威脅人類健康的疾病，已從過去的傳染病轉變為慢性病，甚至擴及心理、情緒及社會群己關係的互動，現代人類的個人生活型態至少掌握50%以上的決定因素。心寬念純，少欲知足確是延命長壽之道。在社會加

速高齡化，老年化的時代，每一個人都應培養「主動學習」、「終身學習」的能力，使自己的老年生活仍能「自立自強」，勇於「承擔」，不要「倚老賣老」成為「負擔」。老而不死是為「哲」，老而不修是為「賊」。

　　人生如一齣「戲」，如愛如恨，如喜如悲。就像大導演李安的《少年Pi的奇幻漂流》一樣，在人生的大海中，有驚濤駭浪，有風平浪靜，有陽光燦爛，有暴風驟雨，讓我們的心境隨著波浪跌宕起伏；喜怒哀樂，愛恨情仇，隨境而來，隨境而滅。我們當了一輩子的演員，在人生的多維座標下，演出不同的角色，隨著劇情演繹詮釋，到頭來卻從沒有做過真正的自己。一個人要能卓爾不群，活出自己，首先要能認識自己，肯定自己。人格的獨立有賴於心靈的自由和自律，不為利誘，不為勢劫，不為情牽，不為境轉，能

夠操控自己的心靈，不隨波逐流，就能在人生的舞台上，揮灑自己的人生，成為自己的主人。

　　人生如一把「刀」，如切如磋，如琢如磨。在人生之初，每一個人都像一塊材質不同的「拙木」，如何將「一表木材」雕塑為「一表人才」，需要不斷的形塑自己，成就自己。有的人為了身家的安全與安穩，避開風雨，選擇無風無雨的航程，清風徐來，水波不興，是一個不很危險但平庸的人生。有的人為了自己的利益與野心，面對風雨，開展腥風血雨的鬥爭，不擇手段，征服別人，是一個不能成功便成仁的人生。有的人為了生命的意義與價值，迎向風雨，勇對狂風暴雨的試煉，堅持理想，超越自己，是一個不畏艱難為眾生的人生。唐朝鑑真大師五次東渡弘法，歷經風雨磨難，曾經說：「不要阻擋風，願將此身化為風；不要阻擋雨，願將此身化為雨。」九死一生，

終能登上彼岸，這是宗教家的宏誓悲願。其實每一位成功者都是一位苦行僧，只有他們才知道，通往目標的路上有多少寂寞，有多少挫折，有多少崎嶇，有多少試煉。「一生萬法為水月，百鍊千錘為金石。」

　　人生如一個「圓」，如因如果，如來如去。「生者必滅」是宇宙生生不息的秘密，宇宙中沒有不死之生。生死是一體的兩面，生的開始也註定死的必然。就像畢業典禮的英文「commencement」既代表一個階段學習的結束，也代表新一階段學習的開始一樣，死亡僅是生命的轉換，生命的延續，亦可能是生命進化的階梯。生命轉了一圈，無論是大圓或小圓，終究會「歸零」，回到「原點」，但就如同宇宙創生時的真空潛能一樣，不是真正的「零」和「空」。生死輪迴是佛法對於宇宙生命流轉及生態系統的整體描述，不管是凡夫的醉生夢死，英雄的出生入死，覺者的超

生了死，終其一生的業果所累積的正向或負向能量都將成為下一個圓的起點，並決定下一個圓的走向和品質。「夢中明明有六趣」，是凡夫的境界，所以會「乘怨再來」；「覺後空空無大千」是覺者的境界，所以會「乘願再來」。無論是「生前的世界」或「往生後的世界」都在同一法界之內，緣生緣滅，不生不滅。

以上所述的「六如」，只是粗略概說複雜人生的不同面相。「大笑看人間」，生命看破了不過是無常，紅塵看破了不過是沉浮，人情看破了不過是冷暖，因緣看破了不過是聚散，從「消極」的角度來切入，頓覺生命很「荒謬」，很「虛無」。「人悲觀世音」，若能徹悟人生苦難與無常的本質，積極的從止惡修善，轉苦為樂，破迷啟悟，去惑證真來自度度人，慧命就變得很「尊貴」很「神聖」。存在主義

的哲學家海德格(Heidegger)認為人生在世，只不過是「虛無」的「存有」(dasein)，唯有透過意識的自覺去體認人生的意義，作出抉擇並採取行動，才能稱為「存在」(existence)。齊克果把生命的存境分為三類。一是感性的境界，指的是落於感官追求及世俗情境的相對世界，也包括大部分的知識份子，藝術家甚至宗教信徒。二是倫理的境界，即是把個人投射到群己關係的普遍準則中，但倫理無論從大多數人利益為依歸的效益論(Utilitarianism)及從既定原則和規範為依歸的義務論(Deontology)並沒有絕對的標準。倫理境界的人只能被迫相對的依歸於絕對。三是宗教的境界，由於宗教精神超越了人世本質的相對性及制限性，是唯一絕對的存在。存在主義與佛法都是從生命的主體性及衍生的基本問題出發。只是存在主義是著眼於個人的生命悲情；而佛法以「三法印」、「四聖諦」及

「十二因緣觀」來剖析人世間苦難的本質，並提出因應的解脫之道，是根基於對眾生苦難的「同體大悲」。證嚴上人也期勉所有的慈濟人，要珍惜有形、有限的相對生命，以增長無形、無限的絕對慧命。

經典
發現·探索·人文·關懷

RHYTHMS MONTHLY
為時代作見證 為人類寫歷史

174
1/1/13

太平島 茶馬古道 金帝斯紅蓮 阿富汗國家新寶藏 艾珍媽咪和動物貝比

粉分和合
捷克斯洛伐克「絲絨離婚」之路

分道不揚鑣

ISSN 1029-6371
9 771029 637007

華 人 世 界 最 好 的 雜 誌 之 一
三十七座金鼎獎的最高肯定，二度亞洲卓越雜誌的驕傲

國家圖書館出版品預行編目資料

相對不相對/ 王本榮著.
-- 初版. -- 臺北市：經典雜誌，慈濟傳播人文志業基金會，
2014.1
　　248面；21 x 15公分
ISBN：978-986-6292-46-0（平裝）
1.言論集

078　　　　　　102025672

相對不相對

作　　　者／王本榮
發 行 人／王端正
總 編 輯／王志宏
叢書編輯／何祺婷
美術指導／邱金俊
美術編輯／黃昭寧
校　　　對／劉琇雅、陳以靖、王碧霞、蕭惠敏、何祺婷
出 版 者／經典雜誌
　　　　　　財團法人慈濟傳播人文志業基金會
地　　　址／台北市北投區立德路二號
電　　　話／02-2898-9991
劃撥帳號／19924552
戶　　　名／經典雜誌
製版印刷／禹利電子分色有限公司
經 銷 商／聯合發行股份有限公司
地　　　址／新北市新店區寶橋路235巷6弄6號2樓
電　　　話／02-2917-8022
出版日期／2014年1月初版
　　　　　　2015年7月二版三刷
定　　　價／新台幣280元